MARIA RITA GRAMIGNA

JOGOS DE EMPRESA
2ª edição

MARIA RITA GRAMIGNA

JOGOS DE EMPRESA
2ª edição

PEARSON

Respeite o direito autoral

© 2007 by Maria Rita Miranda Gramigna
Todos os direitos reservados. Nenhuma parte desta publicação
poderá ser reproduzida ou transmitida de qualquer modo
ou por qualquer outro meio, eletrônico ou mecânico, incluindo fotocópia,
gravação ou qualquer outro tipo de sistema de armazenamento e transmissão
de informação, sem prévia autorização, por escrito, da Pearson Education do Brasil.

Gerente editorial: Roger Trimer
Editora sênior: Sabrina Cairo
Editor de desenvolvimento: Marco Pace
Editora de texto: Aracelli de Lima
Preparação: Sandra Brazil
Ilustrações: Eduardo Borges
Revisão: Maria Luiza Favret e Sandra Regina Fernandes
Capa: Alexandre Mieda
Editoração eletrônica: Figurativa Arte e Projeto Editorial

Dados Internacionais de Catalogação na Publicação (CIP)
(Câmara Brasileira do Livro, SP, Brasil)

Gramigna, Maria Rita
Jogos de empresa / Maria Rita Gramigna — 2. ed. — São Paulo:
Pearson Prentice Hall, 2007.

ISBN 978-85-7605-129-9

1. Jogos (Administração)
2. Administração de empresas I. Título

07-1826   CDD-658.4

Índices para catálogo sistemático:
1. Jogos de empresas: Técnicas: Administração   658.4

Direitos exclusivos para a língua portuguesa cedidos
à Pearson Education do Brasil Ltda.,
uma empresa do grupo Pearson Education
Avenida Santa Marina, 1193
CEP 05036-001 - São Paulo - SP - Brasil
Fone: 11 3821-3542
vendas@pearson.com

Apresentação

É gratificante ter uma obra publicada que permanece atual ao longo dos anos.

O livro *Jogos de empresa*, publicado em 1994, continua sendo referência para muitos profissionais, além de estar na bibliografia de dissertações, teses, cursos de pós-graduação e bibliotecas de empresas públicas e privadas.

Por ser um tema de interesse daqueles que atuam com grupos, decidi revisar e atualizar o livro, mantendo a metodologia e inserindo novas atividades práticas, cuja aplicação tem sido bem recebida pelo mercado.

O jogo de empresa, metodologia que apóia os diversos programas de capacitação, processos seletivos, programas de identificação de potencial, a dinamização e sensibilização de participantes de convenções empresariais e o desenvolvimento de equipes de uma forma geral é uma ferramenta imprescindível para os profissionais que utilizam a aprendizagem vivencial.

Neste livro, reafirmo conteúdos referentes ao tema, discorrendo sobre cenários, revendo informações sobre a aprendizagem e o lúdico, apresentando as etapas do planejamento e a aplicação das atividades, incluindo o passo a passo do ciclo da aprendizagem vivencial (CAV), fornecendo dicas sobre a técnica de estruturação de jogos e como transformar um jogo usual em uma nova atividade, além da inclusão de novos jogos e simulações, cujos conteúdos abordam diversas competências profissionais.

A inserção destas atividades foi definida em função de feedback de clientes, cujas avaliações validaram sua eficácia. Cada jogo ou simulação estão descritos de forma que os profissionais possam aplicá-los imediatamente.

Tenho certeza de que este livro espelha minha crença nas possibilidades infinitas do ser humano e traduz a filosofia de trabalho que venho adotando ao longo dos anos: as pessoas devem ser respeitadas em sua essência, instigadas em seu potencial e a aprendizagem só é duradoura quando passa pela emoção.

Boa leitura!

A autora

Sumário

Prefácio X

CAPÍTULO 1
O jogo através dos tempos 1
    1.1 Origem do jogo 1
    1.2 Definição de jogo 3
    1.3 Simulação 5
    1.4 Jogo simulado 5
    1.5 Jogo de empresa 6
    1.6 Características fundamentais de um jogo de empresa 7
    1.7 Tipos de jogos 8

CAPÍTULO 2
O jogo e o lúdico 13
    2.1 A aprendizagem efetiva 13
    2.2 O ciclo da aprendizagem vivencial 15
    2.3 A espontaneidade, o lúdico e seu papel na aprendizagem 26
    2.4 Funcionamento da mente humana 26
    2.5 Resgatando a essência do ser humano 28

CAPÍTULO 3
Estruturando e aplicando um jogo 31
    3.1 Como estruturar um jogo 31
    3.2 Planejamento e organização de recursos 34
    3.3 Utilização de cor, música e movimento 35
    3.4 Como escolher corretamente o jogo 36
    3.5 A importância do laboratório 36
    3.6 O número ideal de participantes 36
    3.7 O ambiente adequado 37
    3.8 Etapas de aplicação de um jogo 38

3.9   Postura do facilitador 38
3.10 Condução da realização de painéis 38
3.11 Lidando com reações adversas 39
3.12 O papel do facilitador 40

CAPÍTULO 4
Jogo de empresa: uma faca de dois gumes 43

4.1 O jogo pelo jogo 43
4.2 O jogo como instrumento e desenvolvimento 44
4.3 O jogo como instrumento de seleção e de identificação de talentos 44
4.4 Cuidados com a metodologia e suas vantagens 45
4.5 Os sete pecados capitais do facilitador de jogos 46

CAPÍTULO 5
Mudando a 'cara' de um jogo 47

5.1 Criar é preciso 47
5.2 Seis recursos alternativos para mudar a 'cara' de um jogo 48

CAPÍTULO 6
Métodos e técnicas de ensino 51

6.1 Metodologia diretiva e participativa 51
6.2 Afinal, qual é o melhor método? 53
6.3 Organização dos jogos pela matriz de indicadores 54

CAPÍTULO 7
Relatos de experiências 57

7.1 Senac – Serviço Nacional de Aprendizagem Comercial
     (Belo Horizonte, Minas Gerais) 57
7.2 Marcopolo S.A. (Caxias do Sul, Rio Grande do Sul) 58
7.3 Secretaria de Estado da Fazenda de Minas Gerais (Belo Horizonte) 58
7.4 Ermeto Equipamentos Industriais (Jundiaí, São Paulo) 59
7.5 Cooperativa Educacional de 1º Grau Paulo Freire (Jundiaí, São Paulo) 60
7.6 Associação Jundiaiense de Administração de Recursos Humanos (Jundiaí,
     São Paulo) 60
7.7 Ciasc – Centro de Informática de Automação de Santa Catarina
     (Florianópolis, Santa Catarina) 60
7.8 Selpe – Seleção de Pessoal S/C Ltda. (Belo Horizonte, Minas Gerais) 61
7.9 Biobrás S.A. (Montes Claros, Minas Gerais) 62

CAPÍTULO 8
Jogos estruturados 63

    8.1 Introdução 63

    8.2 Conceito das competências 66

    8.3 Informações sobre os jogos estruturados... 68

CAPÍTULO 9
Mitos em torno dos jogos 137

    9.1 Introdução 137

    9.2 "Se brinco, não aprendo"... 138

    9.3 "Jogos demandam muito tempo de planejamento"................................ 139

    9.4 "Tenho medo de que os treinandos não entrem no jogo"....................... 139

    9.5 "Não gosto de incentivar a competição, ela já é muito forte nas empresas" 140

    9.6 "O jogo torna as pessoas agressivas"... 140

    9.7 "Com uma boa teoria, as pessoas aprendem mais"............................... 141

    9.8 "No jogo, não tenho controle da aprendizagem" 142

    9.9 "Fico inseguro(a) por não ter referencial teórico sobre jogos".................. 142

    9.10 "Não tenho habilidade criativa, logo não posso utilizar jogos" 143

    9.11 "Adulto não gosta de atividades lúdicas"... 143

CAPÍTULO 10
Textos de apoio aos jogos 145

    10.1 Introdução 145

    10.2 Textos 145

CAPÍTULO 11
Conclusões..177

Referências bibliográficas 179

Prefácio

O jogo é uma atividade humana criativa, ancestral e arquetípica.

Os animais desenvolvem habilidades para conseguir a sobrevivência por meio do jogo. Por exemplo, quando brinca com uma bola, um gato aprende a caçar ratos.

Os seres humanos, desde o primeiro momento de vida, adotam processos de aprendizagem de imersão e imitação quando repetem sons, gestos, reações emocionais e comportamentos de seus pais.

Nos primeiros anos de vida, as crianças se envolvem com jogos diversos. Quando imitam uma enfermeira simulando a cura de um ferimento, estão adotando o jogo de papéis.

O jogo é a principal ocupação da infância. Piaget já defendia que "a infância é a etapa imaginativa e criativa por excelência", porquê, então, o adulto renunciaria a esse desafio substantivo e ontológico de ser da criança: o jogo, a expressão e a criatividade?

Por que nas instituições de ensino e nas organizações produtivas o jogo criativo e a criatividade expressiva e lúdica não haveriam de ser adotados como ferramentas fundamentais de relações interpessoais, estímulo à cooperação, comunicação, aprendizagem e ao desenvolvimento?

O impacto e os benefícios do jogo permitem a conexão com um mundo mais autêntico e ingênuo, com o mundo vivo e expressivo da criança que joga e fantasia. Seria mais que suficiente para justificar sua adoção como ferramenta essencial na escola e na empresa.

É a partir dessas premissas que o trabalho e as propostas cooperativas de jogos de empresa são apresentados no livro de Maria Rita Gramigna.

Inovador, prático, bem concebido e escrito de uma maneira que torna fácil sua compreensão, seu conteúdo é aplicável em todas as organizações.

Este livro reconstitui de um modo autêntico e humano, sem deixar de ser lúdico e ancestral, a estrutura dinâmica da empresa em todas as suas dimensões: o planejamento estratégico, as comunicações interna e externa, o desenvolvimento de competências, a conexão com o meio ambiente e o social, a dinâmica de produção coerente com o meio ambiente, o desenvolvimento integral dos participantes em sua dimensão lógico-analítica e criativa global.

Cada jogo tem seus passos e processos descritos, objetivos claros e previsão de resultados, tornando as atividades de fácil aplicação ao contexto de cada organização.

Jogos de empresa 2ª edição tem características fundamentais: a partir da investigação, da inovação, da renovação e da criatividade, traduz o sentido genuíno, expressivo, criador e libertador do jogo.

Dr. David de Prado Díez
Diretor do Instituto Avançado de Criatividade Aplicada Total; promotor de encontros de criatividade e do curso de mestrado internacional de criatividade aplicada total (presencial e on-line) no Programa de Cidades e Cidadania Criativa (www.micat.net).
Diretor da revista eletrônica *Recrearte* e do portal dedicado ao estudo da criatividade (www.iacat.com); consultor internacional em criatividade; poeta, escultor, desenhista e crítico de arte.
Também é autor de 30 livros sobre criatividade, inovação e desenvolvimento psicoeducativo.

Capítulo 1

O jogo através dos tempos

1.1 Origem do jogo

O homem é um jogador!

O jogo acompanha o homem desde os primórdios da história da humanidade. Quando o homem ainda não sabia falar, fazia uso do jogo dos gestos e dos sons para comunicar-se; ao descobrir a fala, teve início o 'jogo de palavras' — talvez tenha sido este o primeiro jogo consciente.

Toda capacidade e habilidade humana provém do jogo. Utilizamos o 'jogo dos músculos e dos membros' para nos erguer e caminhar. — desafiando além do equilíbrio. Cada passo dado é um ponto marcado no jogo do 'caminhar'. Em nosso cotidiano utilizamos várias formas de jogo: o jogo dos sentidos, em que a curiosidade nos leva ao conhecimento; os jogos corporais, expressos na dança, nas cerimônias e nos rituais de certos povos; o jogo das cores, da forma e dos sons, presente na arte dos imortais; o jogo do olhar, cujo exemplo observável se encontra na cumplicidade do olhar dos enamorados. Enfim, o jogo está aí, fazendo parte de nossas vidas.

Quando entramos em um jogo, qualquer que seja ele, automaticamente aceitamos suas regras. Por meio delas, separamo-nos por determinado momento do mundo real exterior e estabelecemos contato com nossas escala interna de valores, vivendo a fascinação e a magia do lúdico — tornamo-nos crianças, entramos em contato com nossa verdadeira essência.

Johan Huizinga, em seu livro *Homo ludens*, defende a idéia do jogo como "algo mais que um fenômeno fisiológico ou um reflexo psicológico". Para ele, o jogo é uma função significante e transcende as necessidades imediatas da vida: confere sentido à ação. E o poder do jogo é tão grande que nenhuma ciência ainda conseguiu explicar a fascinação que ele exerce sobre as pessoas. Sua existência independe de qualquer credo, raça, cultura ou ideologia.

Situações diversas apontam o jogo como uma atividade arquetípica. Em todo o mundo, crianças geograficamente afastadas por milhares e milhares de quilômetros inventam diversas brincadeiras, nas quais a competição lúdica, os jogos corporais, a espontaneidade dos gestos e das ações levam a imaginar que se encontraram e combinaram aqueles rituais, celebrados por meio da brincadeira séria.

A brincadeira do pique, o famoso 'pegador' ou pega-pega, é um exemplo de jogos encontrados em todas as culturas. Isso também ocorre com as cantigas de roda, vestígios da era do Círculo Mágico, quando povos primitivos celebravam importantes acontecimentos formando círculos, grandes rodas. Neste tipo de formação, as pessoas expressavam suas expectativas e emoções cantando e dançando, acreditando que, no círculo, todos seriam iguais e não haveria disputa pela liderança. Todos encontravam-se no mesmo plano e enxergavam-se uns aos outros. Pesquisas revelam a antiguidade dos jogos: provavelmente as crianças da era paleolítica brincassem de esconder, guiadas pelo instinto, pelo espírito lúdico e de imitação, ou, simplesmente, pela necessidade de recriar-se.

Nos jogos infantis, as crianças tentam imitar os adultos em seus rituais, cultos, cerimônias e atos do cotidiano. Provavelmente muitos meninos já devem ter participado dos jogos simulados de guerra bem antes que se pudesse ter registros de tal fato.

Impressões arqueológicas e pinturas rupestres comprovam que na Antiguidade determinados jogos já existiam. Gregos e romanos jogavam o pião atual. No século IX a.C. foram encontradas bonecas em túmulos de crianças. Nas ruínas incas do Peru, arqueólogos descobriram vários brinquedos infantis. Adolescentes gregos divertiam-se arremessando na parede uma bola cheia de ar, feita de bexiga de animais, envolta em capa de couro; esta pode ter sido a bola que inspirou jogos como o basquete, o voleibol e o futebol. O atual cabo-de-guerra já era praticado pelos meninos de Atenas. Na Idade Média, pajens e filhos de barões feudais simulavam combates de arco-e-flecha ou lanças; defendiam e atacavam burgos imaginários, perseguiam ladrões e imitavam em tudo os cavaleiros andantes — simulação bem semelhante ao paintball, utilizado como recurso de treinamento de executivos na atualidade. No século XIX, os modelos de simulação com fins de treinamento começaram a ser usados na área militar. Os jogos de tabuleiro, representando exércitos, serviam de modelo para os prussianos, como forma de antecipar estratégias e táticas que poderiam ser aplicadas em batalhas reais. A utilização dos jogos simulados como instrumento de aprendizagem teve seu incremento nos Estados Unidos, na década de 1950, com a finalidade de treinar executivos da área financeira. Devido aos resultados positivos, sua utilização estendeu-se a outras áreas, chegando ao Brasil com força total na década de 1980.

Os primeiros jogos que surgiram no Brasil eram traduzidos, e os modelos, importados. Atualmente, já temos equipes de profissionais e consultores que desenvolvem simuladores retratando com fidedignidade nossas principais situações empresariais. Esses jogos constituem importantes instrumentos que atuam em programas específicos das áreas educacional e empresarial.

O jogo e sua importância na educação

Antes de atividade lúdica, o jogo é um instrumento dos mais importantes na educação em geral. Por meio dele, as pessoas exercitam habilidades necessárias ao seu desenvolvimento integral, dentre elas, autodisciplina, sociabilidade, afetividade, valores morais, espírito de equipe e bom senso.

No desenrolar do jogo as pessoas revelam facetas de seu caráter que normalmente não exibem por recear sanções. Devido ao ambiente permissivo, as vivências são espontâneas e surgem comportamentos assertivos ou não assertivos, trabalhados por meio de análise posterior. As conclusões servem de base para reformulações ou reforço de atitudes e comportamentos. O jogo é como um exercício que prepara o indivíduo para a vida.

1.2 Definição de jogo

Para compreender o conceito de jogo, precisamos utilizar a imaginação. Vamos pensar em um final de semana em que resolvemos jogar vôlei no clube. À luz desta situação, podemos compreender o conceito a seguir:

> O jogo é uma atividade espontânea, realizada por mais de uma pessoa, regida por regras que determinam quem vencerá. Estas regras incluem o tempo de duração, o que é permitido e proibido, valores das jogadas e indicadores sobre como terminar a partida.

A partir dessa definição, temos:

Atividade livre: as pessoas jogam quando sentem vontade. Ninguém é obrigado a jogar um 'voleizinho de final de semana' caso não lhe dê prazer.

Participação de mais de uma pessoa: alguns jogos dão a impressão de ter apenas um jogador — o xadrez jogado no computador, por exemplo. Podemos entender a situação dessa maneira ou visualizar dois jogadores: o que está diante do monitor e o idealizador do jogo, presente em sua capacidade inventiva.

Regras que determinam quem vencerá: neste item encontra-se a diferença entre o jogo e outras técnicas. Ele explicita formas de vencer e declara aberta a competição entre os participantes. As regras devem ser claras no que se refere a destinar recompensas, punições e impor limites aos jogadores.

Quando um jogo acontece, podemos observar reações e comportamentos peculiares:

- estão presentes a ludicidade e a imaginação;
- há certo grau de tensão entre os jogadores;
- as atitudes são espontâneas.

1.3 Simulação

A simulação constitui uma situação em que um cenário simulado representa os modelos reais, permitindo a reprodução do cotidiano.

Há momentos em que a melhor maneira de treinar pessoas é usando o simulador. A preparação de astronautas, por exemplo, só é possível mediante simuladores que reproduzem com fidedignidade o ambiente espacial. Assim, a avaliação da performance individual é facilitada, possibilitando repetir quantas vezes for preciso o mesmo cenário. Empresas aéreas treinam seus pilotos por meio de simuladores de vôo. Computadores usam a realidade virtual para compor cenários idênticos aos da realidade. A simulação mediante a máquina já é bem difundida no meio empresarial.

Outro tipo de simulação — bem mais simples — é a reprodução, por meio do teatro, de situações-problema comuns a pessoas ou grupos. Essa atividade funciona como ponto de partida para diagnósticos e ações corretivas, com o uso de metodologias específicas de resolução de problemas.

As simulações In-Basket Training (Caixa de Trabalho) são recursos amplamente utilizados em treinamento e desenvolvimento. Consistem na reprodução de uma situação artificial, em que os participantes recebem uma 'caixa de entrada', com várias atividades a serem resolvidas em determinado prazo. Os participantes devem montar seu plano de organização pessoal e resolver o maior número possível dos problemas apresentados. Esgotado o tempo, cada participante recebe um gabarito com informações que permitem avaliar habilidades como:

- grau de percepção;
- capacidade de organização;
- habilidade de planejamento;
- tomada de decisão;
- capacidade de priorizar e agir proativamente.

Esse é um exercício que permite a aferição numérica de resultados, devolvendo aos jogadores, em forma de feedback, sua performance geral.

1.4 Jogo simulado

Unindo o jogo à simulação, podemos chegar ao conceito de jogo simulado. Esta é uma atividade planejada previamente pelo facilitador, na qual os jogadores são convidados a enfrentar desafios que reproduzem a realidade de seu dia-a-dia. Todas as decisões são de responsabilidade do grupo e as tentativas são estimuladas.

No jogo simulado podemos identificar todas as características do jogo real: regras definidas, presença do espírito competitivo, possibilidade de identificar vencedores e perdedores, ludicidade, fascinação e tensão. O que diferencia o jogo simulado do real é que, neste último, as sanções são reais e podem custar a perda de cargos, confiança, prestígio e trabalho. Na situação simulada, ao contrário, as pessoas que erram são encorajadas a tentar novamente. No erro e na vivência é que se encontram as maiores chances de aprendizagem.

1.5 Jogo de empresa

A estrutura do jogo de empresa é a mesma do jogo simulado, porém, ele retrata situações específicas da área empresarial. Por exemplo, se um grupo necessita melhorar suas técnicas de planejamento, podemos aplicar uma atividade em que os jogadores tenham por tarefas:

- comprar a matéria-prima, levando em consideração os recursos financeiros disponíveis e as possibilidades de lucro;
- planejar e organizar o processo produtivo;
- produzir o modelo solicitado;
- acompanhar a produção, verificando critérios de qualidade exigidos pelos clientes;
- avaliar resultados parciais e finais;
- submeter a produção à apreciação do cliente.

Durante o jogo, o grupo realiza uma seqüência de interações e coloca em prática suas habilidades técnicas; o processo é semelhante ao de seu cotidiano. Provavelmente, agirá de acordo com seu modelo padrão de tomada de decisões e, a partir dos resultados alcançados, poderá rever e replanejar ações visando a melhoria. Essas vivências contribuirão para o aperfeiçoamento da performance do grupo quando colocado diante de uma situação real, que exija respostas e ações concretas.

Além de aprimorar habilidades técnicas, o jogo proporciona a melhora das relações sociais. As situações oferecidas modelam a realidade social e todos têm a oportunidade de vivenciar seu modelo comportamental e atitudinal. Para atingir os objetivos, os jogadores passam por um processo de comunicação intra e intergrupal, no qual se exige de todos habilidades como:

- ouvir, processar, entender e repassar informações;
- fornecer e receber feedback de forma efetiva;
- discordar com cortesia, respeitando a opinião dos outros;
- adotar posturas de cooperação;
- ceder espaços para colegas;
- mudar de opinião;
- tratar idéias conflitivas com flexibilidade e neutralidade.

Tal experiência serve como laboratório para o desenvolvimento e a conscientização de necessidades de mudança de comportamentos e atitudes individuais.

1.6 Características fundamentais de um jogo de empresa

Ao optar por um jogo, o facilitador poderá verificar se ele apresenta as características básicas a seguir.

1.6.1 Possibilidades de modelar a realidade da empresa

Na medida do possível, o cenário do jogo deve reproduzir situações semelhantes às do dia-a-dia dos participantes. Assim, se a clientela pertence a uma empresa prestadora de serviços, podem ser oferecidas atividades familiares ao grupo, permitindo o estabelecimento de ligações entre a vivência e seu cotidiano.

1.6.2 Papéis claros

Todo jogo é desenvolvido de acordo com um sistema de papéis, que podem ser classificados em três categorias:

a. Papéis estruturados: os participantes recebem orientações detalhadas sobre o comportamento que deverão adotar. Cada participante tem como responsabilidade montar seu personagem, de acordo com o perfil recebido.
b. Papéis semi-estruturados: neste caso, o facilitador indica de forma genérica a maneira como cada um deve exercer seu papel.
c. Papéis desestruturados: o facilitador apresenta o problema e o próprio grupo determina quem faz o quê e de que forma. Assim, cada um pode assumir o papel que lhe for mais familiar, de forma espontânea, sem interferências ou determinações externas.

1.6.3 Regras claras

É fundamental que os participantes compreendam as regras do jogo. Para tanto, o facilitador poderá utilizar recursos adicionais, como cartazes, flip-chart, lousa ou transparências. As regras devem ser fixadas em local visível para o grupo e nele permanecer até que a vivência se conclua.

Independentemente da forma como as regras sejam transmitidas, o mais importante é que sejam claras, expressas em linguagem acessível a todos, de forma que permissões e proibições possam ser entendidas.

Caso o jogo objetive uma avaliação do processo de comunicação vigente na empresa em questão, é possível repassar as regras de forma difusa e incompreensível. Porém, após a vivência, é necessário esclarecer o objetivo que a norteou e os motivos de omissões e falhas.

1.6.4 Condições para um jogo ser atrativo e envolvente

Um jogo pode perder-se em seus objetivos se não conseguir estimular a participação.

A maneira como apresentamos o contexto determinará o nível de envolvimento dos jogadores. O uso adequado do tom de voz, da modulação e do ritmo atraem a atenção. Ao contrário, o facilitador que transmite desânimo, que faz uso de tom de voz baixo, que evita olhar para o grupo e coloca-se atrás de uma mesa pode causar o afastamento e a apatia geral entre os jogadores.

O cenário descrito na introdução do jogo é determinante no estímulo à imaginação. Costumo dar ênfase à apresentação inicial de qualquer atividade, situando o grupo no contexto e dando asas à imaginação.

Avaliando os dois modelos a seguir, qual deles proporcionaria maior envolvimento dos participantes?

> Vamos montar agora uma empresa que planeja e fabrica pipas.

ou

> Que tal recordar um pouco nossa infância? Quantas brincadeiras! Como nossa imaginação corria! Nosso jogo tornará possível um passeio ao nosso TEMPO DE SONHAR. Vamos planejar e confeccionar um brinquedo dos mais fascinantes, considerado arte. Quem poderia adivinhar qual é?

E então? Qual você considera a mais atrativa?

1.7 Tipos de jogos

A escassa bibliografia sobre a teoria dos jogos de empresa, em língua portuguesa, impede que haja um referencial único para classificar essa metodologia. Para efeito didático e unificação de linguagem neste livro, apresento, a título de sugestão, a classificação a seguir.

1.7.1 Jogos de comportamento

São aqueles cujo tema central permite que se trabalhem temas voltados às habilidades comportamentais. Nestes jogos, o facilitador enfatiza aspectos como: cooperação, relacionamento inter e intragrupal, flexibilidade, cortesia, afetividade, confiança e autoconfiança, dentre outras. Esse tipo de jogo compõe os programas de desenvolvimento pessoal.

1.7.2 Jogos de processo

Nestes jogos, dá-se maior ênfase às habilidades técnicas. São preparados de tal forma que, para atingir seus objetivos, as equipes passam por processos simulados nos quais devem:

- planejar e estabelecer metas;
- negociar;
- aplicar princípios de comunicação efetiva;
- analisar, criticar, classificar, organizar e sintetizar;
- liderar e coordenar grupo;
- administrar tempo e recursos;
- estabelecer métodos de trabalho;
- montar estratégias para tomada de decisão;
- organizar processos de produção;
- montar esquemas de venda e marketing;
- administrar finanças;
- empreender idéias, projetos e planos.

Os jogos de processo diferem dos de comportamento por sua proposta de enfatizar produtos. Têm como objetivo principal a preparação técnica do grupo para operacionalizar ações. Além disso, fazem parte de programas específicos de desenvolvimento gerencial, desenvolvimento de equipes e outros similares.

1.7.3 Jogos de mercado

Reúnem as mesmas características dos jogos de processo, mas são direcionados a atividades que reproduzem situações de mercado, como:
- concorrências;
- relação empresa–fornecedores;
- tomada de decisão com risco calculado;
- terceirização e implicações no mercado;
- parceria empresa–fornecedor;
- relacionamento fornecedor–consumidor;
- pesquisa de mercado;
- estratégias e expansão no mercado;
- negociação em larga escala.

> **Observação importante**
>
> A classificação visa somente facilitar a diferenciação didática dos jogos, já que não há possibilidade de separar 'comportamentos e atitudes' de 'processos e mercado'. O ser humano é indivisível e, mesmo ao participar de um jogo de mercado, não deixará de lado toda a sua sensibilidade e emoção ou suas habilidades técnicas.
>
> Além dessas, há outras abordagens sobre jogos. Luiz André Kossobudzki, em seu texto sobre jogos e simulações, faz uma combinação de 'jogo simulado', 'jogo de contenda' e 'contenda', formando, a partir daí, sete combinações básicas:
>
> 1 – jogo simples;
>
> 2 – jogos simulados;
>
> 3 – simulações;
>
> 4 – simulações-contenda;
>
> 5 – jogos de contenda;
>
> 6 – jogos simulados de contenda;
>
> 7 – contenda.

Parte-se do princípio de que 'jogo' é qualquer atividade na qual os participantes concordam com um conjunto de condições, para criar uma finalidade ou estado desejado; de que 'simulação' designa qualquer atividade que retrate ou modele a realidade; e de que 'contenda' é a competição propriamente dita.

Huizinga (op. cit.) defende a idéia do jogo como "fenômeno fisiológico ou reflexo psicológico", considerando o "elemento da cultura". Estabelece a relação entre o jogo e a guerra, o direito, o conhecimento e a poesia, a filosofia, apontando sua existência desde tempos remotos até a atualidade.

Roma e Escobar (1980) combinam jogo e simulação, propondo a classificação a seguir:

Jogo simulado homem-modelo: os participantes cumprem papéis representativos do sistema apresentado. As decisões são tomadas de acordo com os papéis assumidos, e os jogadores experimentam as conseqüências de suas decisões, seguidas de análise e reflexões.

Jogo simulado homem-máquina: representa a realidade e a máquina. Um exemplo é o *link-trainer*, simulador utilizado na Segunda Guerra Mundial com o objetivo de treinar pilotos. Consistia na reprodução de uma cabine de avião que permitia a realização de todas as operações que o piloto poderia enfrentar. Mediante a avaliação dos instrutores, ele tinha a oportunidade de repetir as manobras, até atingir a aprendizagem.

Jogo simulado homem-computador: acompanhando a era da informática, os jogos via computador permitem aos jogadores experimentar situações simuladas semelhantes às da sua realidade e encontrar soluções para os problemas apresentados, manipulando diversas variáveis ao mesmo tempo. Uma das vantagens do uso da máquina é permitir que várias empresas simuladas interajam interligadas, com possibilidades de retorno da informação quantas vezes forem necessárias para a tomada de decisão.

Resumo

O que diferencia o jogo de empresa de outras técnicas vivenciais é a possibilidade de identificar vencedores e perdedores. As regras de um jogo de empresa determinam tempo de duração, o que é permitido e o que é proibido, espaços e limites aos jogadores e formas de obter pontos.

Capítulo 2

O jogo e o lúdico

2.1 A aprendizagem efetiva

> A aprendizagem é um processo que dura toda a vida e por meio do qual o sujeito, motivado frente a uma situação-problema, resolve-a atingindo sua meta e modifica-se de forma duradoura. Esta transformação permite transferir o aprendizado para novas situações.
>
> *Hilda Santos*

Desde o nascimento, aprendemos sempre, a cada dia. Aprendemos para sobreviver. Usamos o pensamento em complexas operações mentais e conseguimos organizar esquemas que podem ser acessados quando necessitamos resolver problemas.

A construção dessas operações passa por etapas distintas. A primeira delas inicia-se no nascimento e vai até um ano e meio, idade em que a criança começa a falar. Nesses dois primeiros anos de vida do ser humano, constitui-se a inteligência sensório-motora, que coordena nossa percepção sensorial.

Dos dois aos quatro anos, passamos por outra etapa — a do pensamento simbólico. Conseguimos, então, transformar um objeto real (significado) em significantes diferentes. Assim, por exemplo, podemos representar uma pessoa por uma boneca. Nesse período, ainda não está formada a estrutura lógica do pensamento.

Na terceira etapa, entre quatro e sete ou oito anos, forma-se o pensamento intuitivo. Nosso raciocínio passa a ser guiado pela intuição e nossos pontos de referência são os objetos ao nosso redor.

A quarta etapa vai dos oito até os onze ou doze anos. Organizam-se, então, as operações concretas, e é quando sentimos maior necessidade de aliar as operações verbais às concretas. Nosso pensamento concretiza-se a partir do referencial material. Pensamento e objeto permanecem juntos.

A última etapa de construção das operações mentais completa-se na adolescência. A partir daí já temos capacidade de usar o pensamento analítico.

A intuição e o raciocínio são indispensáveis no processo de aprendizagem. Tal equilíbrio de valores não prevaleceu em nosso sistema educacional, e o que temos visto é todo um esquema metodológico voltado para o desenvolvimento da capacidade de análise, em detrimento da intuição e de outros potenciais ainda inexplorados do ser humano.

> Ouço e recordo;
> leio e memorizo;
> faço e aprendo.
>
> *Confúcio*

Ouço e recordo: toda a dinâmica de ensino, até bem pouco tempo atrás, voltava-se para atividades em que o participante colocava-se na posição de 'ouvir e recordar'. O foco da aprendizagem encontrava-se nos conhecimentos dos mestres, instrutores e professores, e os alunos tinham pouco espaço para contribuir com suas experiências. Sua atitude era passiva.

Leio e memorizo: estudos dirigidos, análise de textos, instruções programadas e avaliações baseadas em memorização ainda são utilizados com muito sucesso nos meios educacionais e de treinamento empresarial. O resultado é bem menos eficaz do que em situações em que o aprendiz se envolve completamente no processo de aprendizagem.

Faço e aprendo: aprender fazendo tem sido a forma mais efetiva de ensino, apesar de pouco difundida em escolas e empresas, devido ao contexto cultural e organizacional estabelecido.

Quando as pessoas têm a chance de vivenciar situações-problema e resolvê-las com os recursos que possuem, verificando os resultados de suas decisões, a reformulação de procedimentos é facilitada. Quando aprendemos fazendo, a internalização do aprendizado é duradoura, ao contrário das duas formas citadas anteriormente.

2.2 O ciclo da aprendizagem vivencial

Quando se vivencia um jogo em todas as fases, além de maiores chances de alcançar a aprendizagem, tem-se a oportunidade de trabalhar os dois hemisférios cerebrais de forma harmônica, sem que haja predominância de um deles todo o tempo, como acontece nos métodos mais ortodoxos.

Ciclo de aprendizagem vivencial

Para fechar o ciclo da aprendizagem vivencial, os aprendizes passam por cinco fases. A separação anterior é meramente didática, com vistas a facilitar a compreensão do processo.

1ª fase – Vivência

A vivência caracteriza a atividade inicial, o jogo em si mesmo: 'fazer, realizar, construir'.

Ao escolher, adaptar ou criar um jogo, o facilitador poderá oferecer diversas atividades para a fase da vivência, dentre elas:

a. Atividades de 'construção'

Exemplos:

- criar novos produtos para uma empresa simulada;
- montar protótipos a partir de informações básicas;
- definir campanhas de marketing (criar slogans, jingles; logomarcas, nomes e estratégias de lançamento de novos produtos).

As atividades de construção têm como característica básica a liberdade de criação dos jogadores. Mediante o desafio lançado pelo facilitador, o grupo organiza-se e elabora seu próprio modelo de resolução para o problema proposto.

O jogo estruturado no Capítulo 8 é de construção. Nele, a equipe recebe várias tarefas para realizar num prazo determinado. As informações resumem-se ao repasse das regras de participação, pontuação e critérios de qualidade da empresa simulada. Todas as decisões partem do grupo e em favor dele.

b. Atividades de 'reprodução de modelos'

Exemplos:

- montar quebra-cabeças;
- reproduzir produtos a partir de modelos preestabelecidos.

As atividades de reprodução caracterizam-se pela impossibilidade de os jogadores fugirem aos padrões dos modelos apresentados. O jogo Painel Tangram (ver Capítulo 8) serve como exemplo. Nele, os jogadores reproduzem as figuras fixadas no painel em exposição, nas cores e formas apresentadas.

Ao optar por uma atividade de reprodução de modelos, deve-se ter o cuidado de verificar o nível de dificuldade da tarefa. Esta não deve ser muito complexa nem muito fácil. Tanto num caso como no outro, podem provocar desmotivação.

c. Atividades de 'montagem de estratégia'

Exemplos:

- lançar produtos no mercado a partir de planejamento de estratégias;
- montar estratégias de venda;
- participar de atividades que simulam mercados financeiros.

As atividades de montagem de estratégias devem ser utilizadas em grupos que tenham poder de decisão e bom nível de informações sobre o tema central proposto.

d. Atividades de 'negociação'

Exemplos:
- simular negociação sindical;
- simular venda de produtos.

Os jogos de negociação só alcançam seu real objetivo se reproduzirem, o mais fielmente possível, a realidade da empresa em que atuam os jogadores.

e. Atividades 'decisoriais'

Exemplos:
- optar entre duas situações aparentemente similares;
- atuar em mercados simulados, com prazo estabelecido para tomar decisões;
- realizar uma seqüência de tarefas urgentes e importantes, decidindo o que é prioritário.

Nos jogos de decisão, é importante providenciar gabaritos de avaliação para feedback. Cada jogador deve ter claras as conseqüências de suas decisões.

f. Atividades livres para desenvolver o 'processo criativo'

Os grupos, de maneira geral, reagem favoravelmente às atividades livres. Nelas, o facilitador propõe a elaboração das suas vivências pelos participantes, a partir de objetivos traçados previamente.

Um dos jogos livres de que faço uso nos workshops é o das cordas pedagógicas, de André Lapierre.[1] O material consiste em vinte cordas coloridas, com comprimento variando de um metro a um metro e meio.

Os participantes são divididos em duas equipes e devem, num prazo estabelecido, criar um jogo para aplicar no outro grupo. Normalmente, deixo o tema central livre, mas o facilitador poderá determinar dois ou três temas sobre os quais os jogadores poderão trabalhar. Os critérios que determinam quem vencerá o desafio devem ser claros e do conhecimento de todos.

Quadro-resumo 2.1

Atividades para a fase da vivência

1 – Construção

2 – Reprodução de modelos

3 – Montagem de estratégias

4 – Negociação

5 – Específicas de processo decisório

6 – Criatividade

---

[1] O educador francês André Lapierre é o criador do método da psicomotricidade relacional e fundador da Sociedade Internacional de Análise Corporal da Relação.

2ª fase – Relato

Após a vivência de um jogo ou simulação, o facilitador passa à fase do relato. Nesse momento, ele oferece espaços ao grupo para compartilhar sentimentos, reações e emoções. Os jogos propiciam um clima de alta tensão e, mesmo sendo atividades simuladas, implicam grande envolvimento dos participantes na tentativa de resolver problemas ou desafios lançados. Ao participar intensamente no processo, eles não conseguem esconder suas dificuldades e habilidades, o que afeta diretamente o emocional de cada um deles.

A educação que recebemos estimulou a racionalidade, o que incentiva tentativas de fugir dos sentimentos. Por isso, o facilitador poderá lançar mão de alguns recursos auxiliares de expressão:

a. Mural de relato em flip-chart

Entregar a cada subgrupo uma folha de flip-chart. Solicitar que registrem sentimentos, reações e emoções vivenciadas em palavras ou palavra-chave. Os cartazes devem ser afixados em local que proporcione ampla visualização a todos os participantes.

b. Baralho de sentimentos

Entregar a cada subgrupo um baralho que contenha sentimentos, emoções e reações. Os participantes escolhem as cartas que correspondem à sua vivência e apresentam em painel.

c. Relato com perguntas

Em turmas pequenas, com até doze participantes, a fase do relato pode ser desencadeada por meio de perguntas que avaliem as reações dos participantes. A seguir, alguns exemplos.

- O que acharam do resultado do jogo?
- Como se sentiram exercendo o papel X ou Y?
- Como foi o clima durante o jogo?
- Que sentimentos prevaleceram em sua equipe?

d. Roda de repentismos

Formar um círculo e propor a roda de repentismos. Cada participante fala uma palavra que expresse seu sentimento. O facilitador registra em mural e promove quatro ou cinco rodadas.

e. Muro das lamentações / mural de desabafos

Quando o jogo é muito competitivo, o clima pode ser tenso. Nesse caso, imediatamente após a vivência, o facilitador promove espaços para lamentos e desabafos, utilizando, como recursos, cartazes com símbolos alusivos ao momento.

f. Cartazes simbólicos

Entregar cartazes em folhas de flip-chart que contenham figuras que estabeleçam ligações com os sentimentos. O grupo preenche os cartazes com os sentimentos vivenciados.

Algumas sugestões:

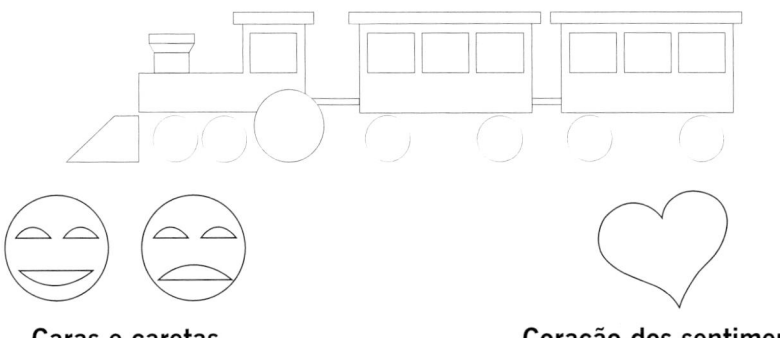

g. Simulação sem o verbal

Cada participante demonstra, por meio de gestos e de expressões não verbais, as emoções e reações vivenciadas no jogo.

h. A cor do sentimento

Espalhar pela sala várias fichas com cores diferentes. Cada participante escolhe três cores, identifica outras pessoas que escolheram a mesma cor, e formam-se subgrupos. Estes subgrupos então discutem o significado das cores escolhidas e produzem um cartaz com as fichas e as palavras referentes ao significado de cada uma delas.

i. Recorte e colagem

Distribuir revistas aos participantes, solicitando que as equipes produzam um mural com figuras que representem seus sentimentos durante a vivência.

As sugestões apresentadas para a fase do relato são formas alternativas de dinamizar e diversificar esse momento em que os participantes enfrentam mais dificuldades. O recurso intermediário age como facilitador da expressão do grupo.

Em qualquer uma das situações, é necessário ter o cuidado de qualificar o resultado apresentado. Para tanto, pode-se fazer um fechamento ou análise geral, apontando o que prevaleceu: sentimentos agradáveis ou desagradáveis. O mais importante é valorizar o esforço do grupo. Em nenhuma hipótese o facilitador poderá deixar de fazer um comentário final.

Quadro-resumo 2.2

Atividades para a fase do relato

1 – Mural de relato em flip-chart
2 – Baralho de sentimentos
3 – Relato com perguntas
4 – Roda de repentismos
5 – Muro das lamentações / mural de desabafos
6 – Cartazes simbólicos
7 – Simulação sem o verbal
8 – A cor do sentimento
9 – Recorte e colagem

3ª fase – Processamento

Considerado uma das fases mais importantes do ciclo da aprendizagem vivencial, o processamento é o momento em que os participantes têm a oportunidade de analisar o ocorrido durante o jogo, avaliando sua atuação e estabelecendo relações com o resultado obtido. Nesse momento, são discutidos os padrões de desempenho e o nível de interação entre os jogadores.

Tal como acontece na realidade empresarial, o produto de qualquer trabalho de equipe depende da forma como se atuou. Quando uma delas se sobressai, há motivos técnicos ou comportamentais que determinaram seu sucesso; o mesmo acontece com os grupos que se dão mal na competição. As causas tanto do sucesso quanto do fracasso devem ser discutidas e detectadas.

Para facilitar a análise do processo grupal, o facilitador tem em mãos variadas atividades:

a. Roteiros de discussão

Deve-se elaborar os roteiros de acordo com o tema central do jogo e os objetivos pretendidos. É preciso também orientar o grupo na discussão e no registro das conclusões, para apresentação em painel conclusivo.

A comunicação móvel por meio de cartazes ou transparências facilita a dinâmica de exposição e evita que o relator coloque posições pessoais nas conclusões.

Caso os roteiros contenham perguntas, é necessário que estas sejam bem formuladas e exijam do grupo a exploração de fatos e conceitos. As perguntas inteligentes solicitam respostas elaboradas e requerem habilidades de compreensão, aplicação, análise, síntese e avaliação. Ao formular perguntas, o facilitador deve evitar:

- aquelas que dão margem a respostas do tipo SIM e NÃO;
- desdobrá-las em mais de uma pergunta (Quem? Onde? Quando?);
- usar termos desconhecidos ou externos à realidade do grupo.

> *Se desejamos respostas enriquecidas, devemos cuidar para que as perguntas dêem margem para tanto.*

b. Painel livre

Alguns jogos reproduzem de forma tão fiel a realidade empresarial que o facilitador praticamente não tem dificuldades em promover o processamento. O próprio grupo antecipa-se e dá início à discussão sobre as dificuldades, facilidades e padrões de desempenho. O relatório das vivências acontece naturalmente.

Nesse caso, o papel do facilitador será o de proporcionar a oportunidade para que todos os jogadores se manifestem, solicitando que o grupo estabeleça normas de participação. Assim, evita-se que haja monopolização da fala e omissão de opiniões.

c. Discussão em subgrupos e relato em painel conclusivo

Fixar fichas de orientação com as palavras-chave em local visível para discussão e registro das principais facilidades e dificuldades enfrentadas durante o jogo.

Alguns exemplos:

- Estilos de liderança
- Processo de comunicação
- Organização da produção
- Formas de planejamento
- Relacionamento inter e intragrupal
- Clima de trabalho
- Envolvimento e comprometimento
- Administração de custos
- Controle de qualidade

d. Questionários individuais

Se o jogo exige participação ativa de todos, o facilitador prepara questionários individuais que servirão para a auto-avaliação de performance e posterior discussão em subgrupos. Normalmente, esse tipo de exercício proporciona a troca de feedback, e é comum o resultado da auto-avaliação divergir da percepção do grupo.

Para orientar o trabalho e garantir a sua efetividade, é necessário preparar os jogadores para esse momento. Informar sobre as dimensões 'ética' e 'psicológica' do feedback é uma estratégia que evita a falta de cuidado com o outro. Centrar as discussões em 'verdades com amor' transforma o processamento em um momento de crescimento e desenvolvimento pessoal. A abordagem do feedback baseado em verdades com amor pode ser aprofundada por meio de breve exposição pelo facilitador.

Basicamente, existem quatro formas de fornecer o feedback e os resultados ou as reações que cada uma delas desencadeia: na dimensão ética, o feedback pode ser 'verdade' ou 'mentira'; na psicológica, pode ser dado com 'amor' ou 'ódio'. As combinações geram reações e comportamentos diversos:

Formas	Prováveis reações	Resultados
Verdade com ódio	• Agressividade • Descrédito	• Revide • Raiva • Conflito

(continua)

(continuação)

Mentira com amor	• Aprovação • Desconfiança	• Estagnação • Permanência • Reforço do comportamento
Mentira com ódio	• Agressividade • Fuga	• Mágoa • Inimizade
Verdade com amor	• Aceitação • Surpresa	• Mudança • Crescimento

e. Estabelecimento de correlações entre o processo e o resultado do jogo

Solicitar aos jogadores que identifiquem motivos do sucesso ou do fracasso. Esta forma de trabalhar o processamento pode ser facilitada usando perguntas como:
- A que se deve a vitória da equipe X?
- Que dificuldades enfrentaram as equipes com baixa performance?

f. Recurso do brainstorming

Fixar frases incompletas para os subgrupos completarem, tendo como orientação a técnica do brainstorming. As perguntas podem ser estruturadas numa seqüência que atenda aos objetivos pretendidos.

Caso o jogo tenha por meta desenvolver habilidades de liderança, as frases devem permitir conclusões sobre esse tema.

Exemplos:
- A liderança foi...
- Em liderança, as falhas foram...
- O comportamento dos líderes foi...
- A liderança facilitou em...
- A liderança dificultou em...

Observação: por líder entende-se qualquer pessoa que atue tentando influenciar o grupo nas decisões (inclusive o facilitador, no caso de estar representando papéis).

Orientações para uso de brainstorming simples

No processamento de jogos podemos utilizar somente a primeira fase do brainstorming: a geração de idéias.

Depois de expostas as frases, explicar as regras ao grupo e delimitar tempo para a conclusão.

Regras:
- Todos devem participar.
- Não censure.
- Todas as contribuições devem ser registradas por um redator.
- Todos devem expor suas observações.
- Se 'der branco', passe a palavra adiante.
- Quanto mais idéias, melhor!

É importante dizer que planejar o 'processamento' é fator determinante no nível de compreensão e de conteúdo apresentado pelo grupo em suas análises e em suas conclusões. Quanto maior a oportunidade de reviver todo o processo, mais rica a análise e maiores as chances de enriquecimento da fase posterior.

O papel do facilitador é crucial nessa etapa. Sua postura deve ser de orientador e observador, evitando concluir e analisar 'para o grupo'. Quando se antecipa às suas conclusões, ele tira do grupo a oportunidade de aprender com erros e acertos e pode, inclusive, provocar um clima de apatia e dependência com relação ao 'mestre'.

Quadro-resumo 2.3

Atividades para a fase do processamento

1 – Roteiros de discussão

2 – Painel livre

3 – Discussão em subgrupos e relato em painel conclusivo

4 – Questionários individuais

5 – Estabelecimento de correlações do processo e do resultado do jogo

6 – Recurso do brainstorming

4ª fase – Generalização

Após o processamento, os participantes do jogo já têm condições de sair da 'fantasia e da simulação' e entrar na realidade. O momento da 'generalização' é aquele em que o grupo faz comparações e analogias entre o jogo e seu cotidiano empresarial.

Todo o processo é fruto da experiência de cada um dos participantes. Suas falhas e seus acertos interferem no clima do trabalho, no resultado, nas formas de jogar. O resultado da fase anterior pode fornecer várias pistas sobre 'como nos comportaremos nas situações do dia-a-dia'.

Na generalização, o facilitador prepara atividades que auxiliem o grupo a sair do jogo e voltar-se para o seu ambiente de trabalho. Eis algumas delas:

a. Processo fantasia
Lançar perguntas que remetam à realidade, como:
- Que comportamentos, atitudes e pro cessos vocês identificam em seu trabalho que diferem do que ocorreu no jogo?
- Que papéis vocês modificariam para que o jogo se assemelhe ao seu cotidiano?

b. Analogias e comparações
Preparar roteiros com perguntas que facilitem analogias e comparações.
- Que falhas de planejamento assemelham-se ao seu dia-a-dia?
- Que aspectos da comunicação, semelhantes aos do seu setor/empresa/diretoria, vocês identificam no jogo?
- Apontem situações ocorridas no jogo que se assemelham ao seu cotidiano.
- Estabeleça uma relação do resultado do jogo com os resultados que você percebe no seu dia-a-dia.

c. Complementação de frases

A partir do tema central do jogo, o facilitador apresenta algumas frases interrompidas para que o grupo as complete:
- Um coordenador é eficaz quando...
- A motivação do grupo pode ser ampliada quando...
- As principais dificuldades de negociação em meu trabalho são...

d. Anotações do processamento (comunicação móvel)

Utilizar as anotações da fase anterior para análise do ocorrido, comparando com a realidade do grupo. Solicitar que retomem a fase anterior, riscando e substituindo o que não corresponda ao que acontece realmente em seu ambiente de trabalho.

e. Simulações da realidade

Solicitar ao grupo que prepare uma simulação sobre seu dia-a-dia no trabalho, na qual surjam situações semelhantes àquelas ocorridas no jogo.

f. Discussão livre

Em grupos de até doze pessoas, a discussão livre é adequada. O facilitador afixa o cartaz do processamento em local visível e pede a cada participante que se manifeste, apontando semelhanças e divergências entre o jogo e sua realidade cotidiana.

Quadro-resumo 2.4

Atividades para a fase da generalização

1 – Processo fantasia

2 – Analogias e comparações

3 – Complementação de frases

4 – Anotações do processamento (comunicação móvel)

5 – Simulação da realidade

6 – Discussão livre

5ª fase – Aplicação

Para fechar o ciclo da aprendizagem vivencial, é necessário preparar atividades que dêem margem à aplicação do que foi vivenciado e discutido. Depois de identificar falhas, acertos, facilidades e dificuldades, o grupo inicia o planejamento de novos rumos. Nesta etapa, crucial para o processo, cada participante tem a oportunidade de se comprometer com mudanças e resultados desejáveis.

Pouco adianta um profissional participar de seminários, cursos, encontros e reuniões e sair deles consciente de que precisa mudar. Quando ele retorna a seus afazeres, a tendência é ser abafado pela rotina e relegar a segundo plano o que foi amplamente diagnosticado na atividade de treinamento e desenvolvimento. Para que cada um se sinta responsável por 'sua parte', o facilitador pode fazer uso de uma das formas a seguir:

a. Orientar e solicitar que cada um estabeleça 'metas de autodesenvolvimento' (no caso de programas comportamentais).

b. Apresentar modelos de 'planos de melhoria da ação setorial' para grupos da mesma área. Os participantes traçam objetivos, elaboram metas, definem responsabilidades, estabelecem prazos e formas de acompanhamento das ações.

O facilitador deve orientar, a fim de que as metas sejam passíveis de realização e independentes de diretrizes superiores. Assim, evita-se que o plano de melhoria se transforme em plano de intenções e se restrinja ao registro em papel.

c. Projeto anjo da guarda

Proceder de uma das maneiras apresentadas anteriormente e, ao final do registro das propostas de mudança e melhoria, propor ao grupo a adoção do Projeto anjo da guarda:

- Os participantes escrevem nome e endereço em papéis individuais.
- Faz-se o sorteio entre os participantes, de forma que cada um tenha uma pessoa por quem se responsabilizar durante seis meses.
- O facilitador recolhe os planos e providencia uma cópia de cada um deles.
- Os anjos da guarda recebem a cópia do plano de seu colega.
- Durante seis meses ele deverá enviar pelo correio uma cópia do plano recebido, em determinado dia do mês (que poderá ser a data do encerramento do evento).

A estratégia do projeto pretende dividir a responsabilidade do acompanhamento entre os participantes. Quando cada um receber seu plano de metas, estará sendo lembrado de seu compromisso com mudanças e avaliará seus progressos.

d. Simulação: realidade ampliada

Solicitar aos grupos que apresentem uma simulação que represente a realidade futura, ampliada e com melhorias passíveis de realização.

e. Processo de iteração

Alguns jogos permitem sua repetição a partir da análise das quatro fases anteriores.

Ao vivenciar o processo, após a compreensão do que pode e deve ser mudado, o grupo recupera padrões de desempenho e tem a chance de pôr em prática o que conseguiu apreender, jogando novamente.

f. Quadro de responsabilidades e expectativas

Solicitar que cada participante escreva as tarefas sob sua responsabilidade, itens ou etapas que podem ser aperfeiçoados e expectativas com relação a melhorias em seu desempenho. O registro é feito em quadros-síntese e apresentado em painel conclusivo.

A fase final do ciclo de aprendizagem vivencial pode ser realizada logo após um jogo ou simulação ou ao final de um evento, quando todas as conclusões e análises realizadas pelo grupo servirão de subsídio para o estabelecimento do compromisso com melhorias e mudanças.

Nesse caso, o facilitador reúne, de forma sintética, em cartaz ou folha-resumo, as falhas e dificuldades apontadas pelo grupo. O material coletado é usado como orientador na fase de aplicação.

> **Quadro-resumo 2.5**
>
> Atividades para a fase de aplicação
>
> 1 – Metas de autodesenvolvimento
> 2 – Planos de melhoria da ação setorial
> 3 – Projeto anjo da guarda
> 4 – Simulação: realidade ampliada
> 5 – Processo de iteração
> 6 – Quadro de responsabilidades e expectativas

2.3 A espontaneidade, o lúdico e seu papel na aprendizagem

A experiência demonstra que as crianças, ao brincar, aprendem. Isso deve-se à espontaneidade de seus atos e à oportunidade de demonstrar o que sabem e o que 'não sabem', sem medo de errar. Aprender com os próprios erros, sem as sanções habituais do dia-a-dia, permite que elas desenvolvam a autoconfiança e se lancem com maior empenho e motivação em novos desafios.

As brincadeiras, o jogo e o divertimento desempenham papel fundamental no processo educacional. Um ambiente lúdico, em que o bom humor e a espontaneidade prevaleçam, faz com que se estabeleça um clima de confiança e permissividade para tentativas de acerto.

O empreendedor é aquele que arrisca, superando seu medo de errar. Normalmente, nossas ações são calculadas, racionalizadas, medidas e pesadas para que não haja falhas. Mas, quando jogamos, as regras são outras. Colocamos em funcionamento o hemisfério direito do cérebro e percebemos habilidades que, muitas vezes, desconhecíamos ter.

A forma descontraída e livre de conduzir as atividades vivenciais favorece atitudes empreendedoras, o que vem reforçar o processo de aprendizagem. Barreiras e bloqueios são superados e as pessoas tendem a usar seu potencial pleno. O equilíbrio entre o racional e o emocional é estabelecido de forma natural. Quando se tem espaço e liberdade para usar todos os sentidos, as possibilidades de superar limites são maiores. Algumas funções pouco utilizadas vêm à tona.

Se observarmos um jogador de futebol em campo, poderemos verificar que, além de toda a competência técnica obtida por meio de treinamento, ele utiliza suas habilidades maiores: a intuição e a criatividade. Para ele, é impossível calcular milimetricamente de qual ângulo teria maior probabilidade de conseguir o gol da vitória.

2.4 Funcionamento da mente humana

A sabedoria milenar do oriental foi relegada a segundo plano pelos ocidentais até bem pouco tempo atrás. Porém, estudos recentes comprovam cientificamente que não usamos de forma plena nosso potencial.

Roger Sperry (1913-1994), médico e fisiologista ganhador do prêmio Nobel de medicina em 1981, comprovou a lateralização do cérebro e identificou funções diferenciadas para cada uma delas (ver Quadro-resumo 2.6).

Nós, ocidentais, temos as funções do hemisfério esquerdo mais desenvolvidas que as do direito, pois fomos estimulados por nossa história de vida, educação e cultura a valorizar as ações comandadas pelo lado apolíneo. Tornamo-nos muito críticos, competitivos, egocêntricos e extremamente racionais e temos dificuldade em expressar emoções, intuir, cooperar, imaginar e sentir.

Quadro-resumo 2.6

Funções dos hemisférios cerebrais

Direito (Características *yin*)	Esquerdo (Características *yang*)
• Intuição	• Razão
• Orientação dionisíaca	• Orientação apolínea
• Cooperação	• Competição
• Imaginação	• Lógica
• Emoção	• Razão
• Sensações	• Linguagem verbal
• Espontaneidade	• Ações calculadas
• Visão do todo	• Visão da parte
• Sabedoria	• Conhecimento
• Espiritualidade	• Valor à matéria
• Reunir	• Separar
• Atividade ecológica	• Atividade egocêntrica
• Criatividade artística	• Criatividade operacional

* *Os termos foram usados de forma metafórica para ilustrar a dualidade presente na fisiologia do ser humano.*
Yin: *originário da filosofia chinesa, o* yin *representa a parte sensível.*
Yang: *representa o lado racional.*
Orientação dionisíaca: *expressão inspirada no Deus Dionísio, representando a paixão, o entusiasmo, a expressão das emoções.*
Orientação apolínea: *expressão inspirada no Deus grego Apolo, representando a mente lógica e a realidade objetiva.*

2.5 Resgatando a essência do ser humano

> Como reverter esse quadro, já que nossas ações são influenciadas por padrões culturais e educacionais? Há esperanças de uma vida mais harmônica, equilibrada, saudável e alegre para o homem ocidental?

Há algum tempo, nós, ocidentais, começamos a sentir em nossa saúde os reflexos do peso dos condicionantes e de nosso comportamento racional e não natural. Dados reais comprovam o estresse do homem moderno e suas conseqüências. Boa parte da nossa sociedade apresenta doenças psicossomáticas. Pessoas relativamente jovens enfartam, têm colesterol alto, sofrem de insônia ou sono perturbado, constroem suas próprias úlceras, sentem dificuldades de concentração, passam por períodos de tristeza, letargia e depressão ou são ansiosas em excesso. As relações interpessoais no trabalho e na família estão desgastadas em função da desarmonia e da dissociação do homem moderno.

Provavelmente pela necessidade de sobrevivência, há todo um movimento natural de busca de equilíbrio. Descobrimos que temos condições de mudar padrões de comportamento e hábitos E temos utilizado alguns desencadeadores intencionais para ativação das funções do hemisfério direito.

O isolamento ou a supercarga sensorial são utilizados em processos terapêuticos como forma de fazer uma pausa no hemisfério esquerdo para ativar o outro. Proliferam a literatura e os cursos que ensinam técnicas de auto-relaxamento. A música da 'nova era' expande-se e ganha, a cada dia, mais espaço no mercado. A meditação já não é mais uma prática somente entre os orientais. Pode parecer modismo, mas, na realidade, o movimento em busca de uma vida holística não caiu do céu; veio preencher o espaço que faltava na melhoria da saúde e da qualidade de vida.

Existem outras atividades, espontâneas, fáceis e sem custo, que nos passam despercebidas: a dança, o bate-papo, a 'conversa fiada', a música, o canto, as atividades manuais, as brincadeiras, o 'ficar à toa', os passeios sem compromisso (caminhar por caminhar) e o trabalho criativo são alguns exemplos. Distanciamo-nos das coisas simples e óbvias da vida e temos dificuldade em identificar, nas pequenas coisas, a oportunidade de experimentar a alegria.

Em resposta a essa tendência, nós, profissionais, que temos por missão ajudar o ser humano em sua trajetória nas empresas e na vida, temos procurado formas de adequar nossos programas às necessidades pessoais. Somente a qualificação tecnológica não basta. Já vivemos a era do 'homem-máquina', quando os modelos administrativos confundiam as pessoas com partes da engrenagem e desconsideravam sua condição de 'ser humano' (que pensa, sente e tem idéias). Importamos o modelo do 'homem organizacional'; seu reflexo está nas expressões 'vestir a camisa da empresa' e 'meu nome é trabalho'. O homem organizacional não consegue harmonizar sua vida pessoal com a vida profissional. Normalmente leva trabalho e problemas para casa e não se desliga de sua atividade profissional. Não consegue viver a vida em todo o seu encanto e riqueza e é movido pelas realizações profissionais. Geralmente, quando se aposenta, morre ou adoece.

Neste início de século estamos passando por um modelo de transição: é a vez do 'homem parentético', que apresenta novas características:

- consciência crítica altamente desenvolvida das premissas de valor do dia-a-dia;
- aptidão para equilibrar seu fluxo de vida e examiná-lo como um espectador, tendo a visão da parte e do todo (percepção holística);
- capacidade para se afastar de instituições e romper raízes quando sua qualidade de vida for afetada;
- versatilidade com compromissos e resultados;
- urgência em obter um significado de vida;
- capacidade crítica quanto à aceitação de papéis e funções;
- esforço para influenciar o ambiente, para retirar dele o máximo de satisfação;
- atuação como ser político ativo, como cidadão do mundo;
- encorajamento de comportamentos na busca de liberdade;
- tentativas concretas de desestabilizar sistemas rígidos e autocráticos;
- inconformismo com hierarquias e normas rígidas;
- flexibilidade para mudanças;
- preocupação com a ética;
- despreocupação e pouca valorização do poder.

Se observarmos à nossa volta, identificaremos este novo homem bem perto, chegando devagar e 'fazendo acontecer'. Ele incomoda e, em ambientes muito autocráticos, pode até ser marginalizado e considerado anarquista ou alienado. Mas, uma vez parentético, não há retorno. Este tipo de homem conhece seu valor como pessoa e também valoriza os outros e as instituições das quais faz parte, mas coloca-se 'entre parênteses', vê-se como um ser único e original que não pode ser manipulado e adestrado. No entanto, sabe adaptar-se aos sistemas e transformá-los em benefício da coletividade.

O momento é favorável para reforçar nossas práticas nas empresas, visando resgatar o homem em sua essência. Acredito que, se utilizarmos instrumentos que permitam ao homem a autodescoberta de seu potencial criativo, suas habilidades e sua riqueza, poderemos transformar nossas vidas nas empresas.

Costumo fechar os workshops e seminários defendendo a idéia de que temos um grande poder: o da transformação. E transformação é ação. Nossas ações podem voltar-se para a melhoria da qualidade de vida. E somente obteremos qualidade nas empresas quando estivermos satisfeitos com nossas próprias vidas.

Considero o jogo de empresa um dos instrumentos mais valiosos que temos em mãos e que pode ser um desencadeador desse processo. Uma de suas principais vantagens é permitir aos jogadores a plena utilização de seu potencial *yin e yang*.

Capítulo 3

Estruturando e aplicando um jogo

3.1 Como estruturar um jogo

Antes de estruturar um jogo, é necessário familiarizar-se com ele. Quando conhecemos uma atividade, podemos torná-la mais atrativa, lúdica, fascinante e, principalmente, passível de alcançar o objetivo pretendido.

Visualizar os jogadores e suas reações, prever resultados diversos, colocar-se no lugar dos participantes, calcular jogadas e entrar em contato com a imaginação são atitudes facilitadoras do processo criativo. Pode-se optar também por fazer pequenas adaptações, sem a necessidade de muitas inovações. Existem no mercado bons jogos, que podem ser usados sem a necessidade de alterar sua estrutura.

Oscar Motomura, em seu texto publicado no *Manual de jogos da Associação Brasileira de Treinamento e Desenvolvimento*, faz um alerta: "A pesquisa de jogos é importante para evitar reinventar a roda. É possível que a pessoa descubra jogos que satisfaçam suas necessidades plenamente ou que possam ser adaptados para o uso desejado".

No caso de o leitor não encontrar aquele jogo que procura, e realmente surgir a oportunidade de criação, há algumas dicas que poderão orientá-lo nos preparativos deste empreendimento.

3.1.1 Verifique quais são seus objetivos

Tenha bem claros os objetivos pretendidos. É necessário ter especificados os comportamentos pretendidos ao final da atividade, para avaliar se é o jogo que permitirá alcançá-los com mais efetividade. Uma reunião pode ser mais adequada, econômica e eficaz quando nosso objetivo é informacional (repasse de informações importantes para o trabalho).

3.1.2 Busque auxílio técnico

Criar um jogo é uma tarefa relativamente simples. O mais complexo é estruturá-lo em um suporte técnico específico. Podemos ser experts em nossa área, mas, quando nos deparamos com objetivos em áreas que não dominamos, é indispensável a ajuda de um especialista.

Muitos programas podem ser enriquecidos com a implementação dos jogos, se elaborados junto com uma equipe multidisciplinar. Se o tema central a ser trabalhado é finanças, por exemplo, um profissional da área poderá ajudar na elaboração da teoria de base, na indicação bibliográfica, no roteiro de processamento, além de participar do laboratório de teste do jogo, após sua estruturação.

3.1.3 Faça uma pesquisa de recursos

Podemos substituir recursos materiais de alto custo por outros, com a mesma qualidade, causando o mesmo impacto.

3.1.4 Verifique o nível de complexidade da tarefa a ser proposta

Ao criar um jogo, é importante verificar seu nível de complexidade. Atividades simples, mas que envolvem processos desafiantes, podem trazer melhores resultados do que aquelas supercomplicadas, que levam à frustração, por não serem passíveis de realização.

3.1.5 Faça uma análise da clientela

Antes de planejar qualquer atividade, o facilitador deve ter em mãos o perfil de sua clientela. As informações básicas dizem respeito a funções exercidas na empresa, expectativas com relação ao programa, nível de escolaridade, características psicológicas, culturais e biofísicas. Essas informações servirão de subsídio para o planejamento e a escolha dos jogos.

3.1.6 Verifique o espaço disponível para a atividade

Por constituir uma técnica em que os participantes movimentam-se e estão divididos em equipes (empresas ou setores simulados), o jogo de empresa exige mais espaço do que as metodologias mais ortodoxas. Uma sala de 25 metros quadrados, que comportaria perfeitamente um grupo de vinte alunos, nos moldes tradicionais, é considerada reduzida para se aplicar um jogo. O ambiente ideal é aquele que permite a formação em semicírculo (onde se realizam os fóruns de conclusão) e espaços ao ar livre, ou um ambiente separado na própria sala, para a formação de subgrupos.

3.1.7 Faça uma auto-avaliação de seus conhecimentos sobre o tema central do jogo

A prática de atuar em duplas é muito enriquecedora, principalmente quando as experiências de cada um se complementam.

Ao verificar limitações de conhecimento sobre o tema central de um jogo, a opção é realizar o projeto com outra pessoa, que tenha mais informações técnicas. Uma 'dobradinha' bem feita, além da vantagem de permitir estímulos diferentes para uma mesma turma, traz maior confiabilidade na leitura do grupo e enriquecimento de conteúdo.

Normalmente, ao aplicarmos um jogo, ficamos tão envolvidos, por causa do clima estabelecido, que muitas vezes não percebemos reações e comportamentos individuais importantes no processo grupal. Quando duas pessoas estão em ação, as responsabilidades podem ser divididas: enquanto o aplicador conduz o jogo, o outro registra os fatos que orientarão nas intervenções técnicas durante o ciclo de aprendizagem vivencial.

3.1.8 Defina o sistema de papéis

No caso de papéis estruturados, deve-se anotar o maior número de dados comportamentais do personagem a ser simulado para facilitar a representação.

3.1.9 Delimite o cenário

O cenário de um jogo pode ser o mais surpreendente possível. Lembro-me de quando apliquei um jogo chamado Estrela, em que pela primeira vez dei ênfase ao cenário. Distribuí os tabuleiros, esclareci as regras e iniciei a contagem do tempo. Na quarta turma, resolvi considerar a estrela como um 'colégio de freiras' e as casas a serem preenchidas como os 'quartos das alunas'. A reação do grupo foi bem melhor, e o clima ficou mais animado.

Um cenário bem definido favorece o envolvimento dos participantes no jogo e auxilia na representação de papéis (estruturados ou não).

3.1.10 Defina a mecânica lúdica

Ao definir a mecânica lúdica de um jogo, o facilitador delimita o campo de atuação dos jogadores, estabelecendo regras que esclareçam o que é permitido e o que é proibido, além das sanções para os transgressores. Geralmente, as sanções vão da perda de pontos à desclassificação de uma equipe. As regras devem deixar claros aos jogadores os requisitos necessários para ganhar o jogo e de que forma será avaliado o resultado.

Há casos específicos, em que o facilitador determina no seu planejamento que somente explicará as regras do jogo durante o desenvolvimento das atividades. Isto quando seu objetivo é reproduzir uma situação em que as pessoas devam estar atentas ao contexto e tomar a iniciativa de buscar informações.

Nessa etapa, é definido se o jogo será individual, em equipes ou jogado por todo o grupo; se acontecerá em rodadas ou se será determinado um prazo para sua realização; como será a pontuação; e como serão registrados os resultados.

3.1.11 Prepare quadros, cartazes e tabelas para visualização móvel de resultados

O registro parcial (se for o caso) deve estar em local visível ao grupo. Todo o material deve ser planejado e confeccionado com antecedência, para que durante o jogo o grupo possa acompanhar sua performance. O feedback visual atua como incentivo e favorece o envolvimento do grupo nas jogadas.

3.1.12 Prepare todas as atividades do ciclo da aprendizagem vivencial

Ver o Capítulo 2.

3.1.13 Realize um laboratório-teste

Após a estruturação do jogo, planeje um minilaboratório, com clientela reduzida para testá-lo. Durante o teste, o facilitador poderá decidir se a estrutura inicial deverá ser mantida ou se haverá ajustes. É importante mesclar participantes que tenham conhecimento da metodologia e outros que a desconheçam, mas que apresentem capacidade crítica.

Após o jogo, o facilitador abre espaço para discussão, e o grupo opina sobre sua validade. Durante o laboratório, ele verifica o *play value* da atividade.

3.2 Planejamento e organização de recursos

Antes de desenvolver qualquer programa que envolva jogos e atividades vivenciais, é necessário planejar e organizar os recursos antecipadamente. Uma lista de providências pode auxiliar o facilitador em sua tarefa. Seguem-se alguns itens que poderão servir de referência.

3.2.1 Ambiente

- Número de mesas e cadeiras
- Disposição do mobiliário
- Condições de conforto e segurança
- Espaço para o material do facilitador
- Recursos audiovisuais (retroprojetor, televisão e vídeo, quadro magnético, lousa, flip-chart, som ambiente)

Observação: é importante testar os aparelhos e providenciar peças de reposição para o caso de algum incidente.

3.2.2 Material didático complementar

- Quadros e tabelas para pontuação (usar folhas A2 e letras visíveis para todo o grupo)
- Fichas em branco para informes que permitam a visualização móvel
- Transparências separadas por ordem de utilização
- Textos auxiliares
- Livros ou apostilas
- Cartazes com regras do jogo ou orientações para as atividades

3.2.3 Material de apoio

- Pincel atômico, canetas marca-texto, lápis de cera
- Folhas avulsas de flip-chart
- Bloco de rascunho
- Tintas e pincéis
- Tesouras e cola plástica
- Revistas usadas e papel colorido
- Cartolinas
- Caneta, lápis, régua

3.2.4 Material específico

Definida a programação, é recomendável que o material de cada atividade seja acondicionado separadamente em envelopes, pastas ou caixas.

Um facilitador que tenha seu material organizado apresenta a grande vantagem de ficar livre para dar atenção aos participantes, além da imagem positiva que transmite ao grupo. Nada mais desagradável do que improvisos que prejudicam o andamento dos trabalhos.

3.3 Utilização de cor, música e movimento

Transformar um ambiente neutro, imprimindo-lhe um ar alegre, pode ser tarefa das mais agradáveis. Quando entramos numa sala, a princípio encontramos paredes nuas, austeridade e silêncio. Este ambiente formal e neutro pode modificar-se caso, aos poucos, sejam montados murais e exposições com a produção do grupo e os cartazes ilustrativos dos temas trabalhados. Ao final de um dia dessa atividade perceberemos a diferença: o desconhecido transforma-se em espaço personalizado.

É interessante observar como as pessoas preocupam-se em cuidar da conservação de seu ambiente: se um cartaz cai, alguém sempre o recoloca no lugar, sem que seja preciso alertar para o fato.

Outro recurso que temos à mão é a música. Podemos utilizá-la para abrir e encerrar eventos, em momentos de relaxamento e durante a execução de trabalhos de grupo. Recomenda-se a música instrumental, com ritmo lento, ou as de melodia suave, quando o objetivo é promover a harmonização do grupo. Estas podem ser utilizadas também nas cerimônias de encerramento de cursos e seminários. Cantigas de roda, durante os jogos, completam o clima lúdico.

Na seleção das músicas, há uma forma de verificar se estão adequadas ao objetivo pretendido. As de característica *yin* (relacionadas com o movimento da água e da terra) podem favorecer a receptividade, a adaptação, o comportamento reflexivo voltado para o interior e, geralmente, trazem a sensação de prazer e de desfrute do momento. Já as de característica *yang* (relacionadas com o movimento do ar e do fogo) favorecem comportamentos expansivos e descontraídos, voltados para o exterior.

O quadro a seguir pode orientar nessa identificação.

Quadro 3.1

Elemento	Características das músicas
Fogo	Predominam o ritmo acelerado e tons agudos. Possibilitam e convidam a movimentos periféricos, à ação determinada e ao deslocamento em novos espaços.
Ar	Predominam a melodia e tons agudos. Possibilitam e convidam à euforia e a movimentos verticais expressivos (para o alto).
Água	Predominam a melodia e tons graves. Possibilitam e convidam ao movimento horizontal, receptivo e lento. Favorecem a fluidez nas ações.
Terra	Predominam o ritmo e tons graves e lentos. Possibilitam e convidam à introspecção e recolhimento. Proporcionam menos movimentos.

A escolha adequada depende da sensibilidade musical de cada facilitador — habilidade que pode ser desenvolvida com o hábito de ouvir as músicas, entrando em contato com as sensações e emoções que elas produzem. Apurar os ouvidos e os sentidos exige tempo, dedicação e um esforço de ampliação da percepção.

3.4 Como escolher corretamente o jogo

No planejamento de um programa, ao optarmos por utilizar um jogo, antes da decisão final, é necessário, dentre outras providências:

a. verificar se ele permite que o grupo vivencie situações que favoreçam o alcance dos objetivos pretendidos;
b. analisar se as atividades propostas estão de acordo com o público-cliente;
c. testar seu *play value*;
d. verificar se a relação custo-benefício é favorável;
e. verificar se o programa apresenta período de tempo suficiente para trabalhar o jogo em todas as suas fases.

3.5 A importância do laboratório

É no laboratório que o facilitador obtém dados reais de suas prováveis dificuldades e facilidades quando da aplicação do jogo escolhido.

A partir da experiência com uma população-amostra, podem ser feitos os ajustes necessários, e a chance de sucesso junto à clientela será maior. O feedback dos jogadores é indispensável.

3.6 O número ideal de participantes

Não há regra fixa para determinar o número ideal de participantes em um jogo.
Os extremos podem prejudicar o resultado.

Uma das condições para o estabelecimento de um clima motivador nos jogos é a possibilidade de formação de equipes. Logo, o número mínimo de participantes será aquele que permitirá a formação de, no mínimo, dois grupos concorrentes formados por quatro ou cinco participantes.

As duas experiências extremas que já tive foram 'sete' e 'trinta e oito' participantes. Em ambos os casos surgiram algumas dificuldades. Na equipe com poucos participantes, foram necessárias adaptações — trabalhei com equipes de três e quatro integrantes e/ou duplas. A vantagem dos grupos pequenos é a possibilidade de a análise ser aprofundada e maiores chances para a troca de idéias e experiências.

Já no segundo caso (participantes em excesso), verifiquei que o clima de trabalho foi o ponto alto do grupo e houve grande envolvimento nas atividades propostas. Entretanto, enfrentei dificuldades em atrair a atenção das pessoas para as instruções para as tarefas. Além disso, o controle do tempo foi bastante prejudicado, em função da dispersão de uns e da euforia de outros. A programação não pôde ser completamente cumprida.

Acredito que o número ideal para a formação de uma turma é de quinze pessoas. Dessa forma, podemos trabalhar com três grupos de cinco, o que favorece a participação de todos nas atividades e facilita a condução do facilitador no repasse das informações e orientações específicas.

Nem sempre trabalhamos no nível do ideal. Na impossibilidade de formar turmas com quinze participantes, o facilitador pode recorrer ao auxílio de monitores. Estes devem ser treinados, e sua atuação está centrada na organização dos subgrupos e nas observações sobre o processo grupal. As informações dos monitores servirão de base para o enriquecimento das fases do ciclo da aprendizagem vivencial.

3.7 O ambiente adequado

O enfoque participativo da metodologia dos jogos de empresa exige coerência entre o falar e o fazer.

O ambiente deve contribuir para a solução de problemas relacionados à realidade do grupo e prover espaços para discussões e trocas de experiências num modelo democrático.

Todos já devem ter sentido o incômodo causado pelos 'monopolizadores' e 'donos da situação' (muitas vezes, o próprio facilitador) e suas conseqüências desastrosas para as relações interpessoais.

Posturas autoritárias e centralizadoras inibem a participação dos mais tímidos e daqueles que não querem causar conflitos abertos.

Em meus programas, tenho abolido, aos poucos, algumas medidas mais rígidas, consideradas normas gerais até há bem pouco tempo. Com esta atitude, verifiquei que o comportamento do grupo pode ser influenciado pelo do facilitador. Quando agia de forma mais diretiva, as atitudes dos treinandos eram semelhantes às minhas. A partir do momento em que adotei a filosofia de 'confiar na capacidade de autogestão das pessoas', tive o retorno positivo e efetivo. O comprometimento do grupo nas tarefas propostas é bem maior quando ele próprio se responsabiliza por alguns controles, como:

a. administrar os recursos necessários para atingir as metas;
b. administrar o tempo destinado às tarefas;
c. definir papéis;
d. estabelecer suas próprias normas de funcionamento;
e. reunir a turma no início de cada atividade ou após intervalos;
f. organizar a sala de aula no final do dia;
g. cuidar da organização e da limpeza do local após o término das atividades.

A estratégia que adoto é negociar as ações antes do início de qualquer programa, sensibilizando o grupo para a responsabilidade de cada um na construção de um ambiente de trabalho com qualidade.

3.8 Etapas de aplicação de um jogo

Um jogo pode ser aplicado levando-se em conta as seguintes etapas:

a. apresentação do cenário simulado: momento em que o facilitador situa o grupo no contexto antes do início das atividades;
b. explicação das regras do jogo;
c. informações sobre papéis (se for o caso);
d. abertura de espaços para perguntas sobre a dinâmica do jogo;
e. definição de tempo para cada etapa do jogo;
f. desenvolvimento do jogo seguindo o ciclo de aprendizagem vivencial.

Cada uma dessas etapas deve estar prevista no planejamento.

3.9 Postura do facilitador

Independentemente do estilo individual, o facilitador tem como adotar posturas assertivas, favorecendo um clima de confiança e abertura entre os participantes.

Defendo a idéia de que só conseguimos sucesso em uma atividade quando entramos em contato com as pessoas. E este contato é possível quando estamos abertos a ouvir cada um, a respeitar posições contrárias às nossas, a reconhecer que todos têm contribuições a oferecer e a agir com cortesia, evitando entrar em competições destrutivas. Afinal, todos somos aprendizes. A diferença entre nós e o grupo está no papel exercido.

3.10 Condução da realização de painéis

Durante a realização de painéis conclusivos é importante orientar os participantes quanto à sua forma de participação. Geralmente os painéis são realizados com a seguinte organização:

- disposição do grupo em semicírculo;
- as equipes são representadas por relatores que se responsabilizam por repassar aos ouvintes o resultado de suas análises;

- define-se uma ordem de apresentação e solicita-se a todos que qualifiquem os relatores, reservando a eles atenção máxima;
- solicita-se que os ouvintes evitem interromper a fala dos relatores, aguardando o espaço reservado ao seu grupo;
- enquanto os grupos estão relatando, o facilitador anota pontos importantes ou dados relevantes que não foram apontados;
- no final de cada apresentação, abrir espaços, com tempo definido, para complementações do grupo;
- ao encerrar o painel, o facilitador poderá fazer uma breve conclusão sobre os trabalhos.

3.11 Lidando com reações adversas

Podem ocorrer situações adversas durante um painel. Dentre as mais comuns, podemos destacar: participantes que monopolizam a fala; grupos que discordam dos outros abertamente, gerando conflitos; problemas de administração de tempo nas apresentações; relatores que apresentam conclusões próprias, ignorando as do grupo; confrontos entre grupos ou com o facilitador; apresentações pouco didáticas, gerando conversas paralelas ou apatia nos ouvintes. Para evitar essas situações, é necessário um trabalho preventivo, no qual o facilitador expõe de forma clara e objetiva suas expectativas com relação à participação do grupo. Ele poderá, junto com os participantes, estabelecer:

- tempo para exposição dos relatores;
- papéis para o grupo de ouvintes (administrador de tempo, auxiliar do relator e moderadores, dentre outros);
- formas de apresentar o resultado (uso de cartazes, transparências ou fichas).

É importante que o facilitador assuma atitude assertiva e lembre-se de que os ouvintes, mesmo em situações adversas, alimentam expectativas positivas. Alguns comportamentos não assertivos podem estar relacionados a dificuldades pessoais e, geralmente, não são percebidos por quem os explicita. Buscar as contribuições desses participantes, valorizando sua fala (quando for o caso) e apoiando suas atitudes positivas, é um bom começo.

Há participantes que insistem em perguntar por perguntar, ou questionar a todo momento. Esta é uma situação difícil para o facilitador: ele não pode deixar de dar atenção ao participante, mas não deve dar atenção excessiva, evitando canalizar a discussão para um só aspecto. Então, a saída é confiar na força do grupo e devolver a ele os questionamentos. Entrar em confronto com o participante e disputar liderança não é recomendável. É mais fácil trabalhar 'com' do que trabalhar 'contra' aqueles estão em desarmonia com o grupo.

O feedback, quando necessário, deve ser oferecido de acordo com o binômio 'verdade com amor'.

A tranqüilidade do facilitador e a forma como ele conduz as atividades favorecem um clima positivo e podem neutralizar investidas individuais mais agressivas, que influenciam no nível energético e motivacional do grupo.

Muitas vezes, é necessário dar uma pausa nos painéis, aplicar uma vitalização ou uma técnica de relaxamento para 'acalmar os ânimos' e/ou 'energizar o ambiente'.

3.12 O papel do facilitador

O facilitador da metodologia participativa, antes de treinar, selecionar e identificar talentos, tem por missão proporcionar ao grupo a chance de passar por um processo de aprendizagem e crescimento pessoal. Ele atua como um educador.

No 'palco dos jogos', o facilitador passa o lugar de 'estrela' aos participantes. Ele se faz de discreto e atua de acordo com as necessidades do grupo. De acordo com o psicólogo William Schutz (1925-2002), todos os grupos, quando se reúnem para qualquer atividade, passam por três fases distintas: inclusão, controle e afeição.

O comportamento de inclusão diz respeito à associação entre as pessoas.

Todos temos necessidade de nos sentir aceitos, considerados e apreciados e, para tanto, podemos adotar atitudes e comportamentos variados, dependendo da forma como somos recebidos.

No início de qualquer processo grupal, geralmente há um clima de ansiedade. Por um lado, os integrantes do grupo não sabem o que se espera deles e, por outro, o facilitador preocupa-se com questões referentes a:

- Como será o grupo?
- Será capaz de lidar de forma assertiva com as questões surgidas durante as vivências?
- Conseguirá estabelecer um clima de confiança que favoreça discussões?

As preocupações iniciais dos participantes giram em torno de questões ligadas ao medo de serem rejeitados, de se revelarem, de encontrarem pessoas novas e estarem numa situação não rotineira — enfim, o medo de errar. Fomos educados para acertar sempre, e nossa tendência é 'não admitir erros'.

Na fase inicial dos grupos, o facilitador deve ter o cuidado de proporcionar aos participantes a oportunidade de se apresentarem, oferecendo técnicas ou jogos leves, lúdicos e livres.

O comportamento de controle diz respeito ao processo de tomada de decisão entre os integrantes de um grupo, às áreas do poder, da influência e da autoridade. Nesse momento, quando os grupos já estabeleceram um clima de confiança, surgem comportamentos e atitudes variadas com relação a controles: explicações, opiniões, idéias, feedback, tentativas de liderança, cobrança de horários e pontualidade, rigidez com normas, dentre outros.

Cabe ao facilitador, a partir disso, criar condições favoráveis à manutenção de um clima grupal harmonioso e baseado na confiança. O ambiente deve favorecer a participação. O facilitador deixa o maior espaço possível para as contribuições dos participantes. Não há necessidade de teorizar e mostrar conhecimentos, pois, em geral, cada um traz suas próprias experiências e conhecimentos. 'Conhecer' é 'co-nascer' — nascer para si mesmo e para o real, apropriando-se de experiências pessoais.

A condução das atividades deve ser feita de tal forma que possibilite às pessoas a descoberta e a expressão de suas reais necessidades. Em geral, interessamo-nos pelo que nos diz respeito. É inútil propor algum programa quando este não 'bate' com as necessidades e os interesses de um grupo. O feedback ao facilitador ajuda na reorientação das atividades. Por vezes, é necessário substituir um jogo, uma técnica ou uma dinâmica por outra mais adequada à situação. Em outros momentos, é necessário suprimir uma atividade e dar espaço para discussões importantes do processo grupal.

Cabe ainda ao facilitador fazer com que o grupo sinta que suas contribuições são importantes e apreciadas. Quanto mais diversificadas forem, mais rica e fecunda será a caminhada. A liberdade de expressão e o respeito às opiniões alheias são fatores fundamentais para o desenvolvimento da autoconfiança.

Nas atividades vivenciais (jogos, exercícios estruturados, dinâmicas etc.), o erro acontece quase a todo momento. O ambiente de laboratório incentiva a assumir riscos e tomar decisões. Se na primeira tentativa e erro o participante não for encorajado a prosseguir, poderá deter sua caminhada e não se arriscar novamente, perdendo a chance de crescer e subir mais um degrau na escada do desenvolvimento. O papel de encorajar à ação é do facilitador.

O comportamento de afeição transparece de forma eficaz ou ineficaz, dependendo da forma como foram trabalhadas as fases anteriores. A afeição é o momento em que os grupos explicitam claramente seus sentimentos, suas emoções e percepções. Pode ser tanto uma fase tranqüila quanto conturbada.

Podemos identificar esse momento em finais de seminários, cursos, encontros ou reuniões, quando os grupos gozam de tamanha autonomia que pouco buscam o facilitador e já têm constituído seu modelo afetivo: ou formam 'panelinhas' ou demonstram integração.

As atividades adequadas para a fase de afeição são as mais livres, aquelas que permitam o feedback espontâneo.

Resumo

Ao facilitador cabe:

1 – atuar como um educador;

2 – identificar e atuar de acordo com as necessidades do grupo;

3 – reconhecer e proporcionar atividades de acordo com as fases do grupo;

4 – encorajar a ação;

5 – reforçar o processo segundo as etapas do ciclo da aprendizagem vivencial.

Capítulo 4

Jogo de empresa: uma faca de dois gumes

4.1 O jogo pelo jogo

Uma das formas de tornar inútil um jogo é usá-lo para atender a falhas no planejamento. É muito comum o profissional de treinamento e desenvolvimento receber convites dos mais diversos, dentre eles:

- "Escuta, você não tem um joguinho aí de meia hora? Estou com esse tempo sobrando no meu programa!", ou
- "Olha, você não tem um joguinho para fazer a integração da turma? Eles não se conhecem e o clima na empresa 'não está pra peixe'! Tenho vinte minutos para acalmar os ânimos do grupo.", e ainda
- "Vamos colocar um joguinho antes da teoria? Vamos ter duas horas seguidas de exposição e a turma pode dormir!"

Normalmente, essas solicitações partem de profissionais que desconhecem o potencial de um jogo, quando o facilitador tem tempo para trabalhá-lo de forma a alcançar os resultados propostos. É preferível deixar o grupo descansar ou fazer uma breve pausa no programa a aplicar o 'joguinho' para preencher tempo. Os participantes merecem que nós, facilitadores, ofereçamos o melhor para seu desenvolvimento.

Sabemos que a atividade vivencial é envolvente e de fácil aceitação. Este envolvimento momentâneo do jogo pode iludir-nos e passar a idéia de que estamos tendo sucesso. Mas que sucesso é este que ao final do programa nada acrescenta à experiência dos participantes? Que comentários eles farão se não conseguirem entender o significado daquela atividade 'fora do contexto', apesar de muito interessante? Vale a pena arriscar?

O jogo pelo jogo pode trazer conseqüências desastrosas. Não é pelo fato de gostarmos muito de um jogo que temos o direito de usá-lo sem um objetivo definido e um planejamento prévio. O resultado pode ser inesperado. Caso não haja tempo para sua exploração, ele em nada contribuirá para o enriquecimento do programa.

4.2 O jogo como instrumento e desenvolvimento

O jogo não é um fim em si mesmo. É, antes de tudo, um dos meios para atingir objetivos maiores e um instrumento riquíssimo nos programas de desenvolvimento. Serve como ponto de partida para elaboração de conceitos e reformulação de atitudes. A partir do diagnóstico extraído pelo próprio grupo e depois de trabalhadas todas as facilidades e dificuldades vivenciadas, o processo de conscientização da necessidade de mudanças se estabelece entre os participantes.

Ao participar da construção de um protótipo ou da criação de um produto simulado, o grupo interage, trazendo à tona toda a sua história de vida. O modelo real se reproduz nas ações, nas atitudes e nos comportamentos.

Quando implantamos um programa com base nos jogos de empresa, o facilitador não tem necessidade de apresentar conceitos e informações sobre 'como deve ser feito'. O próprio grupo constrói sua aprendizagem a partir da análise do desempenho, da auto-avaliação e do feedback entre os jogadores. Assim, o compromisso com resultados e mudanças é estabelecido naturalmente.

Nos painéis de relato e processamento, todos têm a chance de rever suas jogadas e sua maneira de tomar decisões. Na fase da generalização, podem comparar os padrões do desempenho simulado com seus padrões e, a seguir, reformular procedimentos ineficazes.

É importante ressaltar que o objetivo do facilitador em programas de desenvolvimento é o de proporcionar oportunidades de reformulações, de tal modo que cada um experimente um acréscimo pessoal e profissional ao final das atividades. Na montagem de um programa de desenvolvimento, o facilitador poderá usar como orientação para escolha dos jogos a matriz de indicadores, de que falaremos no Capítulo 6.

4.3 O jogo como instrumento de seleção e de identificação de talentos

Muitos são os programas de identificação de talentos implantados nas empresas brasileiras. O modelo participativo de identificação de talentos proposto neste livro compreende as três fases que se seguem.

4.3.1 Mapeamento dos dados existentes

Nesta fase o consultor, interno ou externo, mapeia as fontes de dados funcionais disponíveis na empresa (currículo, resultados de avaliação de treinamento e avaliação de desempenho, promoções e participação em projetos especiais, dentre outros).

4.3.2 Identificação de necessidades

A partir do mapeamento das fontes de dados disponíveis, o consultor identifica, junto à equipe da empresa-cliente, os indicadores de desempenho necessários ao atendimento das demandas internas, que podem ser:

- recolocação de pessoal;
- indicação para treinamento;
- mobilização de funcionários para grupos-tarefa;
- formação de *staff* gerencial;
- promoções;
- investimento em programas de desenvolvimento, aperfeiçoamento e formação técnica ou gerencial;
- conhecimento das expectativas e habilidades em potencial dos grupos.

4.3.3 Implantação do projeto de identificação de talentos

A implantação do programa de identificação de talentos implica a elaboração do projeto em todos os seus detalhes técnicos e ainda:

- seleção e teste das atividades vivenciais, a partir das informações obtidas na fase anterior;
- criação dos instrumentos de controle;
- definição dos mecanismos de acompanhamento e avaliação de resultados.

Na abordagem participativa, um programa de identificação de talentos deve conter número razoável de atividades práticas que reproduzam o dia-a-dia profissional dos grupos participantes. Ao longo das vivências, as pessoas devem ter a oportunidade de demonstrar habilidades desenvolvidas ou em potencial. Se o objetivo de uma atividade — um jogo simulado, por exemplo — é identificar habilidades de liderança e comando, deve permitir que os participantes vivam situações em que possam exercer essas funções.

As informações obtidas em uma atividade vivencial, quando inserida no contexto e escolhida segundo os objetivos propostos, são bem mais objetivas do que em atividades mais ortodoxas. Quando um grupo participa de um jogo, ele leva para a situação simulada toda a sua experiência e o seu modo de agir no mundo real. É fácil observar, individualmente, comportamentos de liderança, atitudes inflexíveis ou flexíveis, decisões negociadas, habilidades específicas de comunicação, formas de planejar e organizar o trabalho, controle emocional, iniciativa, energia para o trabalho, posturas assertivas ou não.

A identificação de talentos na empresa é facilitada quando os programas desenvolvidos incluem atividades participativas, como jogos, simulações e atividades práticas em geral.

4.4 Cuidados com a metodologia e suas vantagens

Como qualquer inovação, os jogos ainda estão sujeitos à má aplicação e ao uso inadequado. Vale repetir que não existe um jogo ruim; existem jogos mal utilizados. Os cuidados do facilitador ao utilizar os jogos de empresa em seus programas incluem desde a estruturação e escolha corretas, o planejamento prévio de recursos, ambiente e cenário, até a adoção de uma postura flexível e de abertura durante o desenvolvimento das atividades.

As vantagens do jogo são inúmeras, tanto para o facilitador quanto para o grupo.

4.4.1 Para o facilitador

- O clima de abertura estabelecido permite a troca de experiências, e a exploração de idéias enriquece e contribui para a obtenção de resultados positivos.
- Os objetivos propostos são passíveis de mensuração, e as habilidades que necessitam ser reforçadas são diagnosticadas durante o processo.
- Há possibilidades de um replanejamento das ações sem prejuízo da qualidade.

4.4.2 Para os participantes

- A rápida integração facilita ações espontâneas e naturais.
- A aquisição de conceitos é facilitada; problemas reais são vivenciados de forma simulada, dando ao treinando um referencial concreto sobre sua atuação no grupo.
- O dia-a-dia é explorado de forma imaginativa, lúdica, participativa e envolvente.
- As discussões orientadas favorecem o desenvolvimento de habilidades como: aplicação, análise e síntese.
- A socialização é trabalhada pelo próprio grupo, e o respeito ao outro é a tônica dos trabalhos.
- A reformulação de comportamentos, atitudes e valores não é imposta — parte do próprio grupo, após auto-avaliação e feedback dos colegas.

4.5 Os sete pecados capitais do facilitador de jogos

1. Pensar que já sabe tudo sobre jogos e não se atualizar.
2. Usar o jogo pelo jogo.
3. Assumir uma postura inflexível e agressiva perante o grupo.
4. Passar pelo jogo sem trabalhar o ciclo de aprendizagem vivencial.
5. Usar o jogo como um fim, e não como um meio.
6. Aplicar jogos sem planejamento prévio.
7. Ignorar a dinâmica de grupo durante as vivências.

Capítulo 5

Mudando a 'cara' de um jogo

5.1 Criar é preciso

Em minha experiência, tenho percebido, em algumas pessoas, a tendência de buscar as 'coisas prontas', deixando passar a oportunidade de colocar sua marca pessoal naquilo que fazem. Contudo, existem aquelas que, em qualquer situação de trabalho, utilizam seu potencial criativo, tornando diferentes e atrativos os programas que desenvolvem.

No caso do jogo de empresa, há a necessidade de criar e inovar, pelo fato de o número de publicações não atender à demanda.

É comum desenvolvermos programas de treinamento e desenvolvimento em que diversas turmas experimentam as mesmas vivências. Os comentários dos participantes são inevitáveis e muitas vezes aqueles que ainda não realizaram as atividades tomam conhecimento delas. Neste caso, os jogos perdem a validade se o grupo descobre a sua chave de resolução. Este problema pode ser resolvido se o facilitador utilizar alguns mecanismos que mudam a 'cara' de um jogo, fazendo-o parecer novo. Para tanto, é necessário entrar em contato com diversos tipos de mecânicas lúdicas.

Vivenciando e observando jogos diversos, vamos nos familiarizando com as estruturas básicas e conseguimos perceber semelhanças sutis entre eles. Sidney Sackson, criador profissional de jogos, afirma que "basta ler as regras de um jogo para imediatamente imaginá-lo funcionando". Esta habilidade é adquirida por meio da prática e da observação. A mecânica lúdica é a estrutura matemática do jogo, independentemente do tema proposto.

Luiz Dal Monte Neto, em artigo escrito para a revista *Superinteressante*, exemplifica como um mesmo jogo pode ter aparências diversificadas: o jogo Batalha Naval, tradicionalmente praticado com lápis e papel quadriculado, continuará sendo Batalha Naval, mesmo que se substituam navios e submarinos por naves espaciais e se troque seu nome para Guerra nas Estrelas.

Se observarmos a quantidade de jogos de recreação existentes no mercado, identificaremos semelhanças entre eles.

5.2 Seis recursos alternativos para mudar a 'cara' de um jogo

Na medida do possível, deve-se adaptar o jogo às necessidades do grupo. Essas adaptações podem ser feitas de diversas maneiras, entre elas, mudando as regras, mesclando jogos e outras.

5.2.1 Mudar a tarefa e manter as regras

Podemos tomar como exemplo o jogo Painel Tangram (ver Capítulo 8). A atividade básica é montar um quebra-cabeça a partir de um painel de figuras formadas com as sete partes dele. Existem regras, informações específicas, e a pontuação varia para cada figura. Em lugar do Tangram, podemos utilizar outro tipo de quebra-cabeça, ou até mesmo inventar outro que permita formar figuras variadas. Se optarmos pelo uso do Tangram, podemos variar as figuras do painel.

5.2.2 Introduzir ou alterar regras

Ainda com o Tangram, podemos dividir a vivência em duas partes. No primeiro momento, a comunicação verbal é abolida e as pessoas podem apenas comunicar-se por gestos. A partir de certo tempo, todos os canais de comunicação são abertos. Neste caso, aproveita-se para trabalhar os 'sistemas de comunicação abertos' e 'fechados'. Outra alteração que enriquece o processo é a proibição da negociação na primeira etapa.

5.2.3 Reunir dois jogos em um só

Podemos manter duas mecânicas lúdicas em um só jogo, desde que essa decisão atenda ao nosso objetivo.

A mecânica do jogo Oficina de Pipas (ver Capítulo 8) pode ser acrescida de outra, em que cada equipe executará as tarefas sob a orientação de gerentes com estilos variados. A estrutura de definir estilos de liderança é de outros jogos, mas pode ser reunida a este, caso haja necessidade de trabalhar comportamentos gerenciais.

5.2.4 Incluir tarefas novas

Um jogo que apresente determinada quantidade de tarefas, como 'criar o produto', 'definir uma logomarca' e 'elaborar o slogan', posteriormente pode ser aprimorado com a adição de outras tarefas que venham a atender a novos objetivos, tais como 'análise do controle de custos', 'criação de estratégias de marketing' e 'controle da qualidade'.

5.2.5 Incluir papéis estruturados

A inclusão de papéis em jogos já conhecidos produz um resultado surpreendente e serve, posteriormente, para análise do comportamento grupal e identificação dos mecanismos de defesa mais comuns na empresa. Pode-se optar pela dosagem de papéis facilitadores (moderador, coordenador, cronometrista e negociador, dentre outros) e pelos papéis dificultadores (do contra, sabe-tudo, intransigente, grevista, bajulador, ansioso).

5.2.6 Alterar a dinâmica de informações facilitador × grupo

Na maioria dos jogos, as informações sobre tarefas, regras e critérios de pontuação que definirão a equipe vencedora são repassadas de forma clara, antes que se inicie o jogo. Pode-se acrescentar o 'recurso-surpresa', determinando a tarefa e repassando as outras informações após o início das atividades. Simular uma sala de fax fora da sala de aula é a forma que mais utilizo.

As pessoas envolvidas no processo na maioria das vezes não buscam as informações, o que servirá para uma análise posterior.

> Depois dessas dicas, que tal você mesmo descobrir outras formas de inovar os jogos que já conhece?
>
> Brincar com possibilidades é fascinante!

> "Criatividade é a capacidade de usar as informações disponíveis para formar novas combinações."
>
> R. E. Kirsten, psicólogo

> "Pessoa criativa não é uma pessoa normal com algo que a gente adiciona a ela; é, isto sim, uma pessoa normal sem que nada tenha sido tirado dela..."
>
> J. C. Benvenutti

Capítulo 6

Métodos e técnicas de ensino

6.1 Metodologia diretiva e participativa

A abordagem dos jogos de empresa está fundamentada na participação ativa do grupo: ele constrói sua aprendizagem e seu desenvolvimento a partir da experiência vivenciada e do comprometimento com mudanças de toda ordem.

Para melhor compreensão do processo, pode-se classificar os métodos de ensino em seis tipos, com uma linha divisória entre o terceiro e o quarto tipos, definindo a mudança do processo decisório.

A Figura 6.1 ilustra o nível de decisões permitido ao facilitador e ao participante, de acordo com cada abordagem. A cada método correspondem técnicas de facilitação e instrutoria.

6.1.1 DT – Método diretivo teórico

É aquele em que o facilitador tem todo o poder de decisão nas mãos. Ele determina conteúdos, problemas, situações e formas de trabalhar em cada uma das propostas apresentadas. O participante tem uma atuação passiva, de ouvinte.

As principais técnicas usadas no DT consistem em exposições e palestras, que permitem o repasse de significativo número de idéias em curto espaço de tempo. O DT é um dos métodos mais usados em congressos, salas de aula numerosas, assembléias e reuniões de grande porte, produzindo resultados positivos.

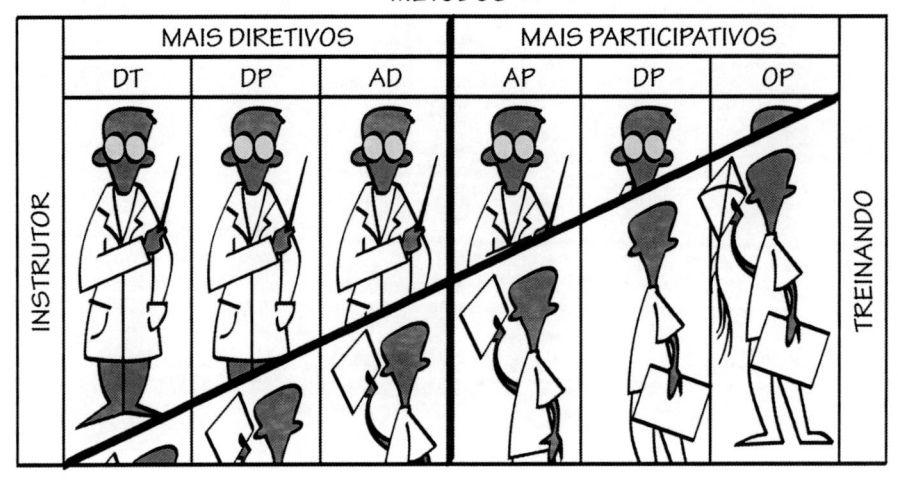

MÉTODOS						
MAIS DIRETIVOS			MAIS PARTICIPATIVOS			
DT	DP	AD	AP	DP	OP	

(INSTRUTOR / TREINANDO)

A desvantagem desse método é que as chances de feedback são menores e, conseqüentemente, ele não permite alterações no conteúdo predeterminado. Caso o orador não atenda às expectativas do grupo, só terá ciência mais tarde, quando seu tempo de oratória tiver terminado.

Uma forma de minimizar exposições longas que podem tornar-se cansativas, causando o desinteresse do público, é usar o humor, fazer perguntas ao auditório, utilizar recursos visuais apropriados e seguir um roteiro coerente e objetivo.

6.1.2 DP – Método diretivo prático

Nesse método, o instrutor expõe ao grupo o problema, fornece a solução e permite que ele reproduza a ação.

A técnica de treinamento-demonstração é a mais usual nesse caso. Empresas que administram cursos profissionalizantes, em que os alunos devem aprender a operar máquinas de forma correta e segura, utilizam a demonstração supervisionada de forma apropriada.

A abordagem diretivo-prática permite ao treinando experimentar o que foi repassado, porém, seu poder de decisão é limitado: só lhe é permitido fazer o que é determinado pelo instrutor.

A vantagem do DP é a possibilidade de avaliar o desempenho do treinando durante o curso. O feedback é direto, observável e mensurável.

6.1.3 AD – Método ativo dirigido

Para aqueles que estão fora das atividades, este pode parecer um método altamente participativo. Na técnica GV-GO (grupo de verbalização e grupo de observação), os participantes trocam experiências e defendem idéias a partir de um tema proposto pelo facilitador. Enquanto um grupo discute, outro observa seguindo roteiros próprios. A partir de certo momento (determinado pelo facilitador), os grupos invertem os papéis e inicia-se nova dinâmica.

O que determina a diretividade do AD é a impossibilidade de os participantes desviarem a ação para outros conteúdos além daquele proposto na dinâmica. Toda a discussão gira em torno do tema predeterminado.

A técnica do GV-GO é a apropriada para situações de seleção de pessoal e identificação de potenciais, quando houver necessidade de detectar habilidades como: formas de argumentar, flexibilidade, iniciativa, persuasão, conhecimento sobre o assunto, dentre outras.

6.1.4 AP – Método ativo-participativo

Nesse caso, o participante tem algum poder de decisão, e a figura do facilitador já passa a ser mais discreta. A maioria das técnicas que tenho vivenciado e observado é trabalhada sob a abordagem ativo-participativa. Jogos de empresa mais estruturados, debates e painéis moderados são algumas técnicas que podem oferecer pequena margem de participação do grupo nas decisões e nas conclusões.

No caso específico dos jogos de empresa, podemos enquadrá-los no método ativo-participativo a partir do momento em que o facilitador lança o desafio ao grupo e, ao mesmo tempo, estabelece papéis estruturados e regras rígidas de participação. Neste caso, as decisões são tomadas a partir do modelo fornecido. O campo de atuação ainda é limitado.

6.1.5 IN – Método inovador

Nesse método, o problema é lançado e o grupo toma todas as decisões para resolvê-lo, sem interferência do facilitador. Os jogos de empresa e as técnicas livres de resolução de problemas ilustram o IN. O facilitador é, aparentemente, inoperante e em alguns momentos chega a ser dispensável. Torna-se um observador do processo grupal e só se faz presente na análise de resultados.

6.1.6 OP – Método operacional

A diferença entre os métodos inovador e operacional é sutil e somente é percebida mediante a observação da atuação do facilitador. No OP, o facilitador lança a situação e o próprio grupo identifica o problema, as soluções e a maneira de colocá-las em prática.

Jogos de empresa mais recentes dispensam a presença do aplicador a partir de certo momento. Ele é imprescindível apenas nas fases posteriores à vivência.

Nos jogos mais livres, os papéis são autodefinidos e a dinâmica grupal é livre.

6.2 Afinal, qual é o melhor método?

Sob o ponto de vista didático, não existe o melhor nem o pior método. Existe, sim, a opção adequada por uma ou outra abordagem (diretiva ou participativa) em função das necessidades da clientela e do objetivo pretendido pelo ilustrador/facilitador. É mais viável e produtivo planejar uma palestra rica em informações e conteúdo, para um público de trezentos ou quatrocentos participantes de um congresso, cujo objetivo é repassar informações, do que aplicar um jogo. Por outro lado, é mais adequado usar a metodologia participativa quando o objetivo é aprender, desenvolver ou adquirir habilidades.

Em qualquer programa, a dosagem metodológica é fundamental. Teoria e vivência devem ser alternadas, proporcionando assim a mudança de clima, favorecendo a produtividade do grupo e a manutenção da motivação.

Ao estabelecer os conteúdos de um programa, deve-se ter o cuidado de dividir o tempo entre atividades vivenciais e atividades mais dirigidas, mesclando jogos, simulações, técnicas livres e dinâmicas de grupo com exercícios estruturados, instrumentos de autodiagnóstico, estudos de caso, exposições e estudos de textos.

A teoria repassada entre exercícios ou jogos atende aos objetivos quando planejada cuidadosamente, de maneira objetiva, breve e, principalmente, atrativa. Recomendar bibliografia para estudos posteriores é fundamental.

6.3 Organização dos jogos pela matriz de indicadores

Ao escolher um jogo, é necessário verificar se ele atende aos objetivos pretendidos. A matriz de jogos é um instrumento de auxílio nessa decisão.

É comum usarmos o mesmo jogo várias vezes, quando podemos substituí-lo por outros que se prestam ao mesmo fim. Questões como tempo, recursos e clientela devem ser levadas em consideração, porém a análise principal gira em torno da 'matriz'.

No Quadro 6.1, a coluna Indicadores apresenta uma série de processos ou comportamentos que surgem durante a vivência dos jogos. Os sinais nos quadros à direita de cada um deles significam que aquele jogo se presta a trabalhar o tema em evidência. O indicador marcado pode ser observado e avaliado (no caso de um processo seletivo) ou servir de ponto de referência para o desenvolvimento de atividades específicas (em treinamento e desenvolvimento). Quadros em branco significam que o facilitador deve abandonar aquele jogo e optar por outro cujo indicador atenda a suas necessidades.

Seguem-se duas situações que exemplificam o uso da matriz.

a. Programa de desenvolvimento gerencial
Tema central: Técnicas de planejamento participativo

A Oficina de Pipas é um jogo cuja estrutura básica proporciona ao grupo vivenciar o planejamento de uma tarefa. Caso se queira trabalhar habilidades de planejamento, ele pode ser um dos jogos escolhidos para compor o programa.

Quadro 6.1

Indicadores	Tangram	Pipas	Máscaras
Habilidade de comunicação	+		+
Organização			+

(continua)

(continuação)

Estilo de liderança			+
Técnicas de planejamento		+	
Relacionamento interpessoal			
Flexibilidade		+	
Resistência a mudanças		+	
Habilidade de negociação			
Administração de tempo		+	
Iniciativa			

b. Seleção de pessoal

Habilidades principais exigidas: organização para o trabalho, bom relacionamento em grupo e iniciativa. Se pretendemos observar como as pessoas se organizam para o trabalho, o jogo Oficina de Máscaras é um dos que atendem ao nosso propósito. Nele o grupo decide, de forma livre, como realizar as tarefas propostas.

No momento de escolher as atividades para qualquer programa, o facilitador poderá recorrer à sua matriz e identificar quais jogos atingem os indicadores relacionais com os objetivos definidos.

> O uso da matriz de jogos possibilita:
>
> *a.* facilidades na escolha e na adequação dos jogos;
>
> *b.* visibilidade de todos os jogos catalogados sem a necessidade de recorrer a arquivos ou apostilas.

Capítulo 7

Relatos de experiências

Neste capítulo são apresentados estudos de casos de diversas empresas que adotaram os jogos em seus programas de treinamento e aprimoramento pessoal e profissional. As aplicações e os objetivos são os mais diversos, incluindo desenvolvimento do controle emocional, técnicas de liderança, redação, motivação, comunicação, entre outros.

7.1 Senac – Serviço Nacional de Aprendizagem Comercial (Belo Horizonte, Minas Gerais)

O Senac/MG tem usado jogos de empresa em programas de candidatos à qualificação ou ao aperfeiçoamento profissional, na área terciária (comércio e serviços). O público-alvo constitui-se de participantes com idade a partir de 14 anos e escolaridade variada. Um dos cursos oferecidos por essa instituição, cujo conteúdo é desenvolvido de acordo com a metodologia vivencial, é o de preparação de recepcionistas e tem como objetivo treinar e desenvolver pessoas para atender e recepcionar o público interno e externo às empresas. Neste programa, as atividades são ministradas pela consultora Eliete Augusta de Souza Viana, que utiliza os seguintes jogos: Tangram, Quadrados Quebrados, Jogo da Comunicação e Fábrica de Caixas.

Sua aplicação visa trabalhar aspectos ligados a habilidades técnicas, como: liderar, comunicar de forma assertiva e planejar com eficiência, eficácia e efetividade. Além da técnica, os jogos funcionam como instrumentos auxiliares na percepção de habilidades e dificuldades pessoais e na estimulação de mudanças comportamentais. Os resultados têm sido positivos, e há grande aceitação da metodologia por parte dos treinandos.

7.2 Marcopolo S.A. (Caxias do Sul, Rio Grande do Sul)

A utilização dos jogos vem sendo implantada pela Área de Recursos Humanos no Programa de Integração de Novos Colaboradores (Pinc). Os palestrantes desse programa foram treinados na metodologia e atuam como agentes multiplicadores. O Pinc tem a duração de dezoito horas e visa transmitir ao funcionário recém-admitido informações sobre a empresa.

Os jogos são aplicados para facilitar a integração e inclusão do grupo, no início das atividades, antes do levantamento de expectativas com relação à empresa. Proporcionam um clima de confiança e de liberdade. São escolhidos jogos de breve duração (vitalizadores), que possibilitam a participação de todo o grupo. Os coordenadores do programa também utilizam um recurso vivencial para dinamizar suas exposições e apresentações.

A equipe da Marcopolo S.A., composta de dezesseis profissionais de Recursos Humanos, considera o jogo um facilitador da integração entre os participantes, promovendo a comunicação, a motivação, o envolvimento, a fluidez corporal, o entusiasmo, a imaginação, a intuição e, conseqüentemente, o aumento da flexibilidade na participação das atividades subseqüentes.

7.3 Secretaria de Estado da Fazenda de Minas Gerais (Belo Horizonte)

Desde 1982, os jogos de empresa fazem parte dos programas de treinamento e desenvolvimento na Secretaria da Fazenda de Minas Gerais. A princípio, somente em Desenvolvimento Gerencial e de Equipes e, a partir de 1990, no Banco de Identificação de Potencial. Este programa tem como objetivo principal conhecer a força de trabalho da instituição, em termos de 'potencial', 'conhecimentos', 'experiência profissional', 'interesses e aptidões específicas', para um futuro aproveitamento em 'seleção interna'.

A partir de informações coletadas no banco, a Superintendência de Recursos Humanos assessora os órgãos decisores na indicação para promoções, formação de grupos-tarefa, participação em cursos e eventos de aprimoramento. A análise dos dados fornece, ainda, referencial para identificar funcionários com potencial a ser desenvolvido nas áreas de gerenciamento, assessoramento, inspeção e supervisão. Mais de dois mil funcionários (dos três mil existentes) já participaram das atividades.

O número de consultas, pelas chefias e gerentes, é bastante significativo, principalmente no aproveitamento em funções gerenciais e para promoções, o que vem dando sustentação e confiabilidade ao processo.

Participam como facilitadoras da parte prática onze técnicas da Secretaria da Fazenda, formando uma parceria entre as diretorias de Acompanhamento, Avaliação de Pessoal e Treinamento e Desenvolvimento.

As atividades constituem-se de:

- entrevista individual detalhada;
- teste projetivo (atividade terceirizada);

- 28 horas de vivências: dinâmicas de grupo, psicodrama empresarial, simulações, jogos empresariais, exercícios estruturados e técnicas livres de inclusão e encerramento.

Todas as vivências são seguidas de análise e discussão sob a metodologia do ciclo de aprendizagem vivencial. Como resultado, a equipe tem colhido informações objetivas dos participantes no que se refere a:

- organização do pensamento;
- fluência e comportamento verbal;
- controle emocional;
- maturidade de idéias;
- sociabilidade;
- iniciativa;
- liderança;
- capacidade de decisão;
- energia para o trabalho;
- flexibilidade;
- capacidade de redação de textos.

Reunindo essas informações com aquelas que já existem no sistema informatizado sobre a vida funcional de cada funcionário, pode-se traçar o perfil de cada participante de forma mais abrangente. As informações coletadas 'não são uma caixa preta'. A equipe de psicologia promove entrevistas de feedback aos interessados no retorno. Assim, é facilitada a conscientização individual para a necessidade e a busca de autodesenvolvimento.

O projeto ainda está em andamento e prevê atingir, além dos funcionários do Quadro Específico de Fiscalização e Arrecadação, outros 1.500 funcionários lotados na Secretaria da Fazenda. A idéia é de que o banco seja cíclico e tenha sempre informações atualizadas, por meio de reciclagem periódica. Novas turmas estão previstas tão logo termine a avaliação de todos os funcionários dessa primeira etapa.

7.4 Ermeto Equipamentos Industriais (Jundiaí, São Paulo)

A Ermeto tem um parque fabril invejável, com maquinários dos mais modernos e processos de fabricação atualizadíssimos. Há um ano e meio, sentiram necessidade de investir nas pessoas e iniciaram um trabalho de treinamento e desenvolvimento intensificado. Atualmente têm vários programas, variando desde supletivo de 1º grau até os da área técnico-operacional e comportamental. Estão em busca da certificação da ISO 9000. Todos os seus programas são desenvolvidos por instrutores internos.

Nos programas comportamentais, têm sido utilizados os jogos de empresa com sucesso total, a ponto de a diretoria solicitar que o treinamento seja estendido a todos os funcionários — cerca de quinhentos. Os jogos usados na área comportamental visam promover a integração do grupo, desenvolver habilidades de liderança, comunicação e planejamento efetivos.

7.5 Cooperativa Educacional de 1º Grau Paulo Freire (Jundiaí, São Paulo)

Criada em 1992, a cooperativa tem como objetivo melhorar a qualidade do ensino de 1º grau, por meio do sistema cooperativo. A proposta é inovadora e tem adotado como base o construtivismo, de Piaget.

Para promover a integração entre professores, a direção da cooperativa, a direção da escola e o Conselho Pedagógico, foram aplicados jogos de empresa, dentre eles: Oficina de Pipas e Painel Tangram, com excelentes resultados. Como conseqüência, houve reflexo no relacionamento entre as pessoas, bem como maior conhecimento do trabalho de cada um dos grupos mencionados.

7.6 Associação Jundiaiense de Administração de Recursos Humanos (Jundiaí, São Paulo)

Com mais de vinte anos, é uma associação que reúne os profissionais de recursos humanos das empresas da região e enfrentava problemas ultimamente — desmotivação de pessoal, falta de integração, desconfiança entre os membros etc. Era preciso fazer algo para solucioná-los. Corajosamente, a direção promoveu um encontro de fim de semana para os associados e familiares, com o objetivo de trabalhar os problemas que vinham sendo enfrentados. As atividades propostas tiveram como base os jogos, e o resultado, depois de um mês e meio, apresentou reflexos no comportamento do grupo: as pessoas passaram a se comunicar regularmente, a trocar informações, encontrar-se após o expediente e o 'pique' aumentou.

7.7 Ciasc – Centro de Informática de Automação de Santa Catarina (Florianópolis, Santa Catarina)

O Ciasc é uma empresa de economia mista, com dezoito anos de atuação na área de informática e automação. Atualmente, passa por uma total reestruturação em sua filosofia de trabalho. Está na busca da 'modernidade', terceirizou serviços, enxugou seu quadro de pessoal, implantou programas de demissão voluntária, estabeleceu políticas de redução de preços, dinamizou sua estrutura funcional para 'células de negócios', investiu em pesquisas de novas tecnologias, implantou um programa de participação nos lucros e introduziu programas de incentivo à participação do corpo funcional nas tomadas de decisão.

O investimento na área tecnológica veio acompanhado da valorização das pessoas e do investimento em treinamento e desenvolvimento. Os jogos de empresa têm sido usados como recurso para trabalhar, além dos aspectos comportamentais, todos os conceitos da moderna administração. Um fator preponderante destacado pelo Ciasc é "o fato de que o participante de um jogo vivencia, na prática, seu comportamento do dia-a-dia, em relação às pessoas que o cercam, tendo assim um melhor feedback da organização". Dentre as vantagens do jogo, destaca-se a maior participação pessoal e, conseqüentemente, maior facilidade no aprendizado.

Os jogos utilizados mais freqüentemente são Cirandinha S.A., Transbrasiliana Castanheira de Transportes S.A. e Recursos Desiguais, nos quais são destacados os seguintes indicadores de análise: planejamento, tomada de decisão, administração de tempo, delegação, liderança e negociação.

Outros jogos já estão em fase de preparação para serem utilizados em programas de desenvolvimento gerencial e treinamento e desenvolvimento técnico e comportamental. A gestão de Recursos Humanos do Ciasc acredita que os "jogos vieram para ficar, como uma ferramenta em potencial a ser usada em treinamento".

> "Nada podemos ensinar a um homem, a não ser descobrir suas próprias potencialidades."
> *Galileu Galilei (1564-1642), físico e astrônomo italiano*

7.8 Selpe – Seleção de Pessoal S/C Ltda. (Belo Horizonte, Minas Gerais)

Fundada em 1965, a Selpe é uma empresa pioneira na prestação de serviços em recrutamento e seleção de pessoal. Na década de 1980, expandiu suas atividades para colocação de mão-de-obra, consultoria empresarial, treinamento e desenvolvimento e implantação de programas de qualidade.

A Selpe desenvolve desde 1992 seu Programa de Qualidade Interno e, em 1993, decidiu inserir os jogos em suas atividades, como forma de envolver todo o grupo na filosofia do projeto e promover maior integração e comprometimento dele com os resultados. No último encontro, cujo objetivo foi mobilizar, integrar e envolver todos os funcionários na busca do desenvolvimento global da empresa, os jogos e as técnicas vivenciais foram amplamente utilizados. Para promover a conscientização da necessidade de integrar áreas e estabelecer interfaces, a coordenadora da área de Seleção e Treinamentos, Shirley M. Belchior, utilizou o jogo Enfeites, Festas e Cia., que simula o envolvimento de quatro áreas da empresa no planejamento e na execução do pedido de um cliente. Além desse jogo, foram realizadas atividades vivenciais de 'inclusão' do grupo e 'encerramento do encontro', com excelentes resultados.

A Selpe pretende incrementar o uso de jogos, na medida em que intensifique as atividades do seu Programa de Qualidade Interno.

7.9 Biobrás S.A. (Montes Claros, Minas Gerais)

A Biobrás S.A. nasceu nos anos de 1970, fruto da iniciativa de um grupo de pesquisadores mineiros que decidiu instalar uma fábrica para a produção de insumos biotecnológicos. É uma empresa pioneira no país na fabricação de insulina e de outros produtos bioquímicos, atendendo ao mercado interno e exportando para vários países.

A fábrica está localizada em Montes Claros, Minas Gerais, e possui um escritório em Belo Horizonte, onde funciona a administração e a área comercial. Conta com 470 colaboradores em seu quadro de pessoal.

Há aproximadamente um ano e meio, passou a utilizar os jogos e as simulações em seus treinamentos de sensibilização para a Qualidade Total. A aplicação envolveu 450 funcionários, de diferentes níveis hierárquicos, escolaridade e faixa etária. Nesse empreendimento, foi usado o jogo Oficina de Pipas, com o objetivo de permitir aos jogadores a vivência de aspectos como: trabalho em equipe, planejamento, qualidade, desperdício, produtividade, lucro etc.

Na avaliação obtida por meio de um questionário de reação preenchido após o curso, os participantes descreveram a atividade como um 'ponto forte' do treinamento, de uma maneira agradável e divertida de aprender. Na opinião do gerente de recursos humanos da empresa, Geraldo Eustáquio Andrade Drumont, "a utilização dos jogos e simulações enriquece sobremaneira o aprendizado de questões ligadas a práticas administrativas (planejamento, comunicação, entre outras), pois permite a vivência dessas situações, mediante a participação proativa dos treinandos".

Vejamos a opinião de um funcionário sobre a Oficina de Pipas:

> Particularmente, eu achei muito importante esse treinamento, porque quem está chegando na empresa necessita conhecê-la a fundo: desde o que ela faz, quais seus objetivos, sua história. E, também, passar a conhecer os próprios colegas. O treinamento foi muito descontraído e, ao mesmo tempo, sério, porque, por meio de uma brincadeira, aprendemos e descobrimos como uma empresa funciona, que ela necessita de união, de trabalhar em conjunto. Só assim ela vai crescer e vai dar lucro. E, se ela dá lucro, é sinal de que está dando tudo certo. Outro ponto importante é que decidimos... não fomos forçados a nada, tudo foi bem explicado, detalhado... as dúvidas foram tiradas e a solução era tomada mediante uma decisão geral.

Capítulo 8

Jogos estruturados

8.1 Introdução

Neste capítulo, é apresentada uma seleção de jogos validados e já aplicados no mercado, com o objetivo de desenvolver ou sensibilizar profissionais para o desenvolvimento de competências universais.

Competências são repertórios de comportamentos que algumas pessoas dominam melhor que outras, o que as faz se destacar em determinadas situações. Esses comportamentos são observáveis no dia-a-dia profissional e podem ser organizados utilizando-se a metáfora de uma árvore: a raiz corresponde às atitudes, o tronco diz respeito ao conhecimento e a copa, às habilidades — o fazer.

- Atitudes: raiz (valores, princípios, pontos de vista, opiniões e percepções) → QUERER FAZER
- Conhecimentos adquiridos: tronco (informações, procedimentos, fatos e conceitos) → SABER
- Habilidades: copa (capacidade, domínio de técnicas e talentos) → SABER FAZER

No quadro a seguir aparecem elencadas as competências predominantes em cada setor, resultado dos trabalhos nas empresas em que a autora atuou.

Quadro 8.1 Competências por setor

Empresa pública	Prestação de serviços	Indústria
1. Capacidade de trabalhar sob pressão	1. Capacidade empreendedora	1. Autodesenvolvimento e gestão do conhecimento
2. Comunicação	2. Capacidade negocial	2. Capacidade empreendedora
3. Criatividade	3. Capacidade de trabalhar sob pressão	3. Capacidade de trabalhar sob pressão
4. Gerenciamento de talentos	4. Comunicação	4. Comunicação
5. Liderança	5. Criatividade	5. Criatividade
6. Motivação	6. Liderança	6. Cultura da qualidade
7. Negociação	7. Motivação	7. Gestão de processos
8. Planejamento	8. Planejamento	8. Gestão de resultados
9. Trabalho em equipe	9. Visão sistêmica	9. Liderança
10. Visão sistêmica		10. Relacionamento interpessoal
Comércio varejista	**Comércio atacadista**	**Empresa de telefonia**
1. Capacidade empreendedora	1. Capacidade empreendedora	1. Autodesenvolvimento e gestão do conhecimento
2. Capacidade negocial	2. Capacidade negocial	2. Capacidade de trabalhar sob pressão
3. Capacidade de trabalhar sob pressão	3. Criatividade	3. Comunicação
4. Comunicação	4. Capacidade de trabalhar sob pressão	4. Criatividade

(continua)

(continuação)

5. Criatividade	5. Cultura da qualidade	5. Cultura da qualidade
6. Cultura da qualidade	6. Liderança	6. Gerenciamento de talentos
7. Liderança	7. Organização	7. Liderança
8. Planejamento	8. Planejamento	8. Motivação
9. Relacionamento interpessoal	9. Relacionamento interpessoal	9. Negociação
10. Tomada de decisão	10. Visão do negócio	10. Planejamento
11. Visão do negócio		11. Relacionamento interpessoal
		12. Tomada de decisão
		13. Visão sistêmica
Instituição financeira	**Autarquias**	
1. Criatividade	1. Capacidade empreendedora	
2. Dinamismo	2. Capacidade de trabalhar sob pressão	
3. Flexibilidade	3. Comunicação	
4. Comunicação	4. Criatividade	
5. Liderança	5. Cultura da qualidade	
6. Motivação	6. Gerenciamento de talentos	
7. Negociação	7. Liderança	
8. Relacionamento interpessoal	8. Negociação	
9. Tomada de decisão	9. Planejamento	
10. Visão sistêmica	10. Relacionamento interpessoal	
	11. Tomada de decisão	
	12. Visão sistêmica	

8.2 Conceito das competências

A seguir são apresentados os conceitos-chave que caracterizam as competências.

8.2.1 Autodesenvolvimento e gestão do conhecimento

Capacidade de aceitar as próprias necessidades de desenvolvimento e de investir tempo e energia no aprendizado contínuo.

8.2.2 Capacidade de adaptação e flexibilidade

Habilidade para adaptar-se oportunamente às diferentes exigências do meio, sendo capaz de rever sua postura diante de novas realidades.

8.2.3 Capacidade de trabalhar sob pressão

Capacidade de identificar prioridades e garantir resultados, definindo as melhores ações mesmo em condições adversas, mantendo o equilíbrio pessoal e obedecendo ao binômio 'qualidade e prazo'.

8.2.4 Capacidade empreendedora

Facilidade para identificar novas oportunidades de ação e capacidade de propor e implementar soluções para os problemas e as necessidades que se apresentam, de forma assertiva e adequada ao contexto.

8.2.5 Capacidade negocial

Capacidade de se expressar e ouvir o outro, buscando o equilíbrio de soluções satisfatórias nas propostas apresentadas pelas partes.

8.2.6 Comunicação e interação

Capacidade de interagir com os outros, apresentando facilidade para ouvir, processar e compreender a mensagem. Facilidade para transmitir e argumentar com coerência e clareza, promovendo feedback sempre que necessário.

8.2.7 Criatividade e inovação

Capacidade de conceber soluções inovadoras, viáveis e adequadas para as situações apresentadas.

8.2.8 Cultura da qualidade

Postura orientada para a busca contínua da satisfação das necessidades e superação das expectativas dos clientes internos e externos.

8.2.9 Gestão de resultados

Capacidade de contribuir para a formulação de estratégias, de definir planos de ações decorrentes do posicionamento estratégico da empresa para a sua unidade, de estabelecer e operar um sistema eficaz de medição do desempenho para o alcance das metas e dos objetivos definidos.

8.2.10 Gestão de processos

Capacidade de estruturar e integrar as atividades, produtos e serviços de sua unidade aos da organização, mantendo o foco no cliente, destacando o planejamento, execução, avaliação e melhorias para atender às necessidades dele e minimizar recursos financeiros, contribuindo para aprimorar o desempenho global e alcançar os objetivos da organização.

8.2.11 Gerenciamento de talentos

Capacidade de avaliar o colaborador, identificar necessidades de desenvolvimento e traçar planos de habilitação, responsabilizando-se pela formação e pela carreira de sua equipe.

8.2.12 Iniciativa e dinamismo

Capacidade de demonstrar envolvimento e comprometimento com o trabalho, bem como iniciativas para a ação.

8.2.13 Liderança

Capacidade de catalisar os esforços grupais, de modo a atingir ou superar os objetivos organizacionais, estabelecendo um clima motivador, formando parcerias e estimulando o desenvolvimento da equipe.

8.2.14 Motivação e energia para o trabalho

Capacidade de demonstrar interesse e energia nas atividades que executa, tomando iniciativas e mantendo atitude de disponibilidade.

8.2.15 Organização

Capacidade de organizar as ações de acordo com o planejado, de forma a facilitar a execução.

8.2.16 Orientação para resultados

Capacidade de trabalhar sob a orientação de objetivos e metas, com enfoque nos resultados a alcançar.

8.2.17 Planejamento

Capacidade de planejar e organizar as ações para o trabalho, atingindo resultados mediante o estabelecimento de prioridades, metas tangíveis, mensuráveis e de acordo com critérios de desempenho válidos.

8.2.18 Relacionamento interpessoal

Habilidade para interagir de forma empática, inclusive em situações conflitantes, demonstrando atitudes assertivas, comportamentos maduros e não combativos.

8.2.19 Tomada de decisão

Capacidade de buscar e selecionar alternativas, identificando aquela que garanta os melhores resultados, cumprindo prazos definidos e considerando limites e riscos.

8.2.20 Trabalho em equipe

Capacidade de desenvolver ações compartilhadas, catalisando esforços por meio da cooperação mútua.

8.2.21 Visão sistêmica

Capacidade de perceber a interação e a interdependência das partes que compõem o todo, visualizando tendências e possíveis ações que influenciem o futuro.

8.2.22 Visão do negócio

Capacidade de conhecer o negócio, os ambientes interno e externo da empresa e suas interdependências, para identificar as oportunidades e as ameaças de forma global e a longo prazo.

8.3 Informações sobre os jogos estruturados

Será apresentada, a seguir, a descrição de cada jogo. No final foram incluídos textos didáticos de apoio ao facilitador.

Ao optar pela aplicação do jogo, da simulação ou da técnica vivencial, o facilitador deverá levar em conta os aspectos a seguir:

- a competência alvo;
- os indicadores e as interfaces do jogo com outras competências;
- o tempo disponível;
- o perfil da clientela;
- o nível de familiaridade do facilitador com o tema central do jogo;
- os recursos disponíveis.

8.3.1 Jogo de conteúdo: a largada

Fonte: Arquivos da MRG.

Estruturação

Objetivos
- Fixar conteúdos e reforçar conceitos e referenciais teóricos.
- Avaliar a percepção e a memória.
- Vivenciar as competências: trabalho em equipe, comunicação e tomada de decisão.

Aplicabilidade
Qualquer público da área empresarial e educacional.

Tempo estimado
Noventa minutos.

Número de participantes
Indefinido.

Material necessário
- Retângulos numerados de 1 a 20.
- Quatro retângulos com um ícone de significado negativo.
- Quatro retângulos com um ícone de significado positivo.
- Um cartaz de largada.
- Um cartaz de chegada.
- Três figuras geométricas para marcação.
- Um dado.

- Roteiro de ciclo de aprendizagem vivencial (CAV).
- Crachás que contenham os papéis para cada equipe.
- Gabarito para orientar a montagem do jogo (descrito a seguir).

Gabarito

(1 – 2 – X – 3 – 4 – ☺ – 5 – 6 – 7 – 8 – X – 9 – 10 – X – 11 – 12 – 13 – 14 – X – ☺ – 15 – 16 – 17 – ☺ – 18 – 19 – 20)

- Vinte fichas para cada grupo criar perguntas e respostas sobre um tema indicado pelo facilitador.
- Quadro para marcar os pontos.

Desenvolvimento

1. Dividir o grupo em equipes de sete a dez participantes.
2. Pedir que os participantes definam os seguintes papéis:
   - juiz: julga se as respostas serão aceitas;
   - três auxiliares: ajudam o jogador da própria equipe a responder;
   - jogadores: representam a equipe nas jogadas.

   Observação: entregar os crachás a cada pessoa que representa os papéis mencionados.

3. Apresentar a matriz e pedir à turma que monte o tabuleiro com as peças do jogo no chão.
4. Marcar o tempo de trinta minutos para as equipes formularem vinte perguntas numeradas de 1 a 20 sobre determinado tema (o facilitador o definirá).
5. Orientações às equipes:
   - O jogo inicia-se com uma dupla que sorteia a jogada com par ou ímpar.
   - O vencedor lança o primeiro dado.
   - O número da parte superior do dado corresponde ao número de casas que a equipe andará.
   - Ao parar em determinada casa, o jogador deverá responder a uma pergunta da equipe adversária.
   - O juiz decide se aceita ou não a resposta.
   - O jogador pode pedir ajuda aos auxiliares.
   - Se o jogador responder corretamente, marcará um ponto.
   - A seguir, é a vez do jogador de outra equipe, e assim sucessivamente.

Ocorrências

- Se, ao jogar o dado, o jogador cair em uma casa no ícone negativo, representado pelo X, deverá responder à pergunta e fazer um *pit stop* (ficar uma rodada sem jogar).
- Se cair em uma casa com ícone positivo, representado pela carinha sorrindo, deverá pular duas casas à frente.

- Há duas situações que definem os vencedores: chegar primeiro e fazer mais pontos.

  Observação: uma equipe poderá chegar primeiro e não marcar maior número de pontos. Neste caso, o facilitador poderá considerar o jogo empatado. Pode ocorrer também de a equipe chegar primeiro e marcar mais pontos. Neste caso, o facilitador apontará a equipe como vencedora.

Possíveis analogias para fechamento do CAV pelo facilitador
- Nem sempre quem chega primeiro (vence a corrida) tem o melhor resultado (ganha o jogo). Quantidade × qualidade.
- Em nosso caminho encontramos vários empecilhos. Por vezes, é necessário parar.
- Às vezes, o contexto favorece o alcance de resultados (fatores positivos).

CAV (ciclo da aprendizagem vivencial)

Relato (sugestões)
- Roda de sentimentos (estimular com uma pergunta).
- Desenho dos sentimentos utilizando um recurso visual.
- Gesto do sentimento.

Processamento (sugestões)
- Dificuldades e facilidades no jogo (discussão em subgrupo, registro em flip e apresentação no palco).
- Como ocorreu o jogo (discussão circular).
- Tarjetas com nomes de competências para o grupo discutir em círculo (planejamento, comunicação, trabalho em equipe, tomada de decisão).
- Uso de ZOP para registro das facilidades e dificuldades (individual e agrupamento por categoria; o facilitador faz uma análise final).

Generalização
Abrir espaços para analogias do ocorrido no jogo com a realidade do grupo.

Aplicação (sugestões)
Uma frase de cada pessoa indicando o que ela precisa melhorar no trabalho em grupo, no conteúdo ou nas competências (depende do objetivo do jogo a opção de orientação).

Fechamento
O facilitador poderá reforçar algum conteúdo, colocar uma música, fechar com uma roda de comentários, apresentar um poema ou uma breve fala conclusiva.

8.3.2 Simulação de conteúdo: júri simulado

Fonte: MRG — Consultoria e Treinamento Empresarial.

Estruturação

Objetivo
Fixar temas e conceitos já estudados e esclarecer dúvidas ou polêmicas.

Aplicabilidade
Cursos e treinamento cujo conteúdo precise ser fixado e compreendido.

Tempo estimado
Noventa minutos, incluindo o CAV (ciclo da aprendizagem vivencial).

Número de participantes
Até vinte, em ambiente que permita formar o cenário do júri.

Material necessário
- Adereços.
- *Flip-chart*.
- Bloco para anotações.

Disposição do grupo
Iniciar a atividade em círculo. O próprio grupo decide como formar o cenário.

Desenvolvimento

1. Após a exposição ou leitura de texto, o facilitador transforma o tema em um caso a ser julgado.
2. O grupo é dividido em equipes.

3. O tempo para se preparar é de trinta minutos.
4. É formado o júri, no qual cada participante exerce um papel, e desenrola-se o julgamento.
5. O facilitador anota pontos polêmicos ou que estão sendo pouco enfatizados para reforçá-los no fechamento da simulação.

Formação do grupo e papéis

- Um juiz, que deve ter domínio do tema (pode consultar a matéria já explanada). É o responsável pela ordem e pela organização do tribunal, pela leitura da decisão do júri e pela sentença (no caso de condenação).
- Um advogado de defesa, que deve apontar todos os pontos positivos da questão para basear seus argumentos.
- Um assessor do advogado de defesa, que deve ajudar na estratégia de defesa. Pode ser consultado pelo advogado durante o júri.
- Um promotor (advogado de acusação), que deve identificar todos os pontos negativos da questão para basear seus argumentos.
- Um assessor do promotor, que deve ajudar na estratégia de acusação. Pode ser consultado pelo advogado durante o júri.
- Um réu; deve ser alguém que represente o fato ou o personagem acusado.
- Testemunhas de defesa, que devem preparar sua participação junto com o advogado e o assessor de defesa.
- Testemunhas de acusação, que devem preparar sua participação junto com o promotor e seu assessor.
- Júri composto por cinco ou seis participantes, com a responsabilidade de votar a favor ou contra o réu ou a causa.

Informações gerais

- O desenvolvimento da simulação tem o tempo estimado de vinte minutos.
- O facilitador dá um prazo para o júri se reunir e formalizar sua decisão.
- Enquanto isso, o facilitador poderá fazer uma enquete para comparar o resultado do júri com a opinião das pessoas presentes.
- No fechamento da atividade, reforçar os pontos que foram pouco enfatizados durante o júri (conteúdo complementar).

Observação: recomenda-se estimular as pessoas a se caracterizar conforme seus personagens. Para tanto, o facilitador providenciará os adereços (toga, martelo, peruca etc.).

O facilitador poderá fazer uma pesquisa para orientar cada personagem em seu desempenho (como se comporta um juiz, um promotor, um advogado de defesa, as testemunhas, o réu etc.).

CAV (ciclo da aprendizagem vivencial)

Em círculo, os participantes relatam:

- seus sentimentos em uma palavra;
- como foi participar, atuando como o personagem designado a cada grupo ou pessoa;
- as conclusões e as percepções depois de terem participado do júri.

Fechamento pelo facilitador

Dependendo do tema, o facilitador poderá preparar slides, questionários de verificação de apreensão do conteúdo ou um texto de reforço para estudo posterior à atividade simulada.

Modelo de quadro para anotações de pontos

Equipes	Pontos
A	
B	

Sugestões de ícones

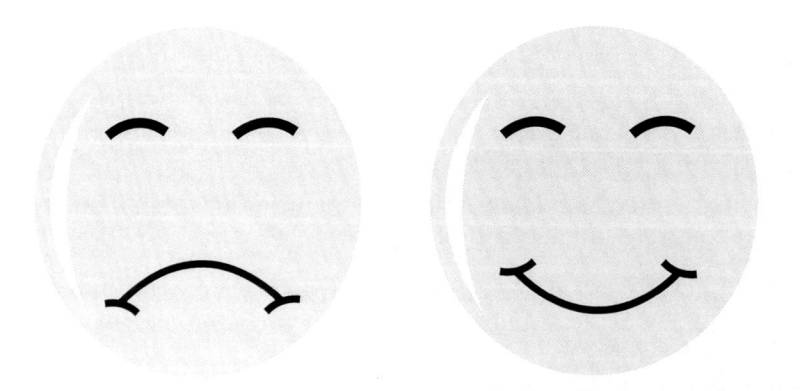

Os próximos jogos apresentam estrutura similar e cenários diversificados.

8.3.3 Jogo de empresa: construção de castelos

Fonte: MRG — Consultoria e Treinamento Empresarial.

Este jogo apresenta estrutura que permite vivenciar processos e competências das equipes no alcance de metas. Consta de uma série de atividades conectadas entre si, que precisam ser realizadas em conjunto para atender a demanda do mercado simulado.

Estruturação

Objetivo

Vivenciar situações do cotidiano empresarial, em que as competências são fundamentais para o alcance de resultados, por meio de:

- planejamento;
- negociação;
- visão sistêmica;
- comunicação;
- relacionamento interpessoal;
- administração de conflitos;
- gestão de recursos;
- liderança.

Aplicabilidade

Desenvolvimento gerencial e de equipes.

Tempo estimado

Duas a três horas, incluindo o CAV.

Número de participantes

Até 25 pessoas.

Material necessário

- Materiais para a construção de castelos: papel fantasia, cartolina, pincel atômico, cola, tesoura, papel crepom e outros que permitam usar a criatividade.
- Cartazes com orientações para as equipes.
- Roteiro de pontuação para o facilitador.

Disposição do grupo

Duas ou três equipes organizadas, distantes umas das outras, em mesas e cadeiras.

O material fica no centro da sala, acondicionado em uma caixa.

Desenvolvimento

1. O grupo elege um líder.
2. Por meio de cartazes, o líder recebe todas as informações sobre o jogo.
3. O líder organiza a equipe da maneira que achar mais adequada.
4. O facilitador informa o tempo de planejamento das metas (60 minutos) e coloca-se à disposição para ajudar o líder em suas dificuldades.
5. Ao final do prazo, o facilitador atua como cliente, sendo recebido pelas equipes.
6. O facilitador pontua de acordo com os critérios estabelecidos no jogo, enfatiza que até aquele momento foi feita a avaliação do resultado da empresa e que, a seguir, as equipes deverão se reunir para fazer a avaliação do processo (CAV).

CAV (ciclo da aprendizagem vivencial)

Relatos

Os participantes montam um painel em suas mesas com carinhas expressando sentimentos que simbolizem as duas fases do jogo (usar os modelos do kit de jogos MRG).

Processamento (discutir e registrar em cartaz)

- Quais as falhas e as dificuldades para atingir as metas?
- Que competências foram utilizadas durante o jogo?
- Como os participantes avaliam a performance da empresa relacionada às competências envolvidas?

Generalização (discutir e registrar em cartaz)

- Quais situações ocorridas no jogo podem ser comparadas ao cotidiano empresarial (semelhanças e diferenças)?

(continua)

(continuação)

Aplicação (discutir e registrar em cartaz)

- No jogo, que aprendizado os participantes poderão levar para sua realidade?

Fechamento pelo facilitador

- Preparar uma breve fala sobre o funcionamento de equipes/times de sucesso, incentivando o grupo a colocar em prática o que foi aprendido durante o jogo.

Anexos

Para a confecção dos cartazes a serem entregues ao líder escolhido pelos participantes.

Informações gerais

Nome da empresa
Inovare.

Tempo destinado às atividades

- Sessenta minutos, incluindo organização das equipes e realização das metas.
- Dez minutos para apresentação dos resultados ao cliente final.

Observação: a cada minuto de atraso, a empresa perde três pontos.

Quem somos?

- Nossa empresa é brasileira e está situada na cidade de Brisa Nova, capital de Pertencil.
- Estamos no período medieval, em que são comuns os castelos.
- Ultimamente, notamos que o mercado mostra-se favorável ao nosso negócio e a direção da Inovare, única empresa do ramo de grandes construções em nosso território, resolveu investir na divulgação de nossos serviços.
- Estamos vislumbrando possibilidades de expansão das atividades da Inovare e ampliação de nossa clientela. Reis e rainhas interessam-se por nossos serviços.
- Para apoiar nossos novos empreendimentos, há um grande investidor que realiza um projeto de incorporação em que será edificado um castelo jamais visto.
- Vamos recebê-lo para demonstrar como trabalhamos. Esta poderá ser a grande conta da Inovare.

Dados sobre a empresa

Missão
Contribuir para a melhoria da qualidade de vida pessoal mediante a construção de sonhos.

Nossos principais clientes

Reis, rainhas e fidalgos.

Alguns empreendimentos da Inovare

- Participação no Plano Diretor do feudo local, no projeto que regulamenta a construção de moradias.
- Passeatas com personagens da corte, incluindo um bobo real demonstrando o que a Inovare tem feito pelo reino.
- Realização de teatro educativo. Foco: alerta ao cliente sobre os perigos de uma construção mal planejada.
- Promoção anual da festa do reino dedicada à plebe.
- Projeto de recuperação de cinco monumentos da cidade.
- Programa de apoio aos esportes de competição dedicados aos mais pobres.

Nosso projeto atual

Usar a arte e a criatividade em todas as iniciativas da Inovare, para mostrar nossas competências e nossa maneira inovadora de trabalho na construção de castelos.

Nosso foco

Em todas as nossas comunicações com o futuro cliente, ressaltaremos as seguintes qualidades da empresa:

- inovação;
- história;
- qualidade de vida;
- responsabilidade social;
- respeito pelo ser humano;
- oportunidades de negócio.

Estratégia inicial

Usar todos os meios de comunicação disponíveis para a difusão da Inovare, apresentando trabalhos de forte conteúdo emocional.

Desafio

A direção da Inovare vai utilizar parte de seu dinheiro para convencer o futuro cliente a construir o novo castelo com a Inovare.

Atuando com foco nas competências, foram definidas e negociadas algumas metas para as diversas áreas da empresa, a fim de impressionar nosso futuro cliente.

Em 60 dias (em nossa unidade de medida, 60 minutos), apresentaremos nossa maneira de ser para o representante do cliente grego.

Metas

1. Área de criação e comunicação

Planejar e montar um castelo com pelo menos 70 por cento das peças do kit e criar um símbolo (logomarca) que retrate nossa competência em construir castelos. A marca deve ser acompanhada de um slogan. Este e o símbolo deverão ser apresentados em um cartaz feito em cartolina ou folha de *flip-chart* branca, próximos do castelo.

2. **Área de criação e produção artística**

   Criar uma escultura com o material restante do kit que lembre nosso negócio, incluindo:
   - nome da escultura;
   - placa de apresentação com um breve histórico da Inovare.

3. **Área de criação e produção artesanal**
   - apresentar maquete de construção inovadora confeccionada com qualquer material existente na sala e montar um anúncio voltado para o cliente final;
   - altura mínima: 50 centímetros;
   - área de construção: um metro quadrado.

4. **Área de criação e produção sonora**

   Criar um jingle bem curto, que retrate nossos valores e ressalte nossa missão, e definir um grito de guerra para o final.

5. **Área de planejamento financeiro**

   Administrar a conta dedicada ao projeto atual.

6. **Área de planejamento, análise e sensibilização de talentos**
   - Definir as três competências essenciais da Inovare.
   - As competências devem estar registradas em árvores: nas raízes estarão registradas as atitudes referentes à competência; no tronco, os conhecimentos necessários para o seu desenvolvimento; e na copa, as habilidades (ações de saída). Total de três cartazes.
   - A equipe de planejamento poderá pedir consultoria ao facilitador.

Critérios de qualidade

Item

Indicadores

1. Castelo, slogan e símbolo
   - Castelo: uso de pelo menos 70 por cento das peças do kit.
   - Slogan: em uma placa do lado direito do castelo.
   - Símbolo: acima do nome da empresa.

2. Escultura
   Utilização de peças do kit, cores, graça e harmonia. A escultura deve estar posicionada na entrada do castelo e seu título deve ficar visível. A placa com o título pode ser feita de qualquer material.

3. Construção
   Altura mínima de 20 centímetros e área construída mínima de 50 centímetros. É permitido adicionar qualquer material para retratar a natureza e o verde. Harmonia, cor e beleza são fundamentais.

(continua)

(continuação)

4. Música e grito de guerra
Toda a empresa deve cantar o jingle e participar do grito de guerra. Energia e criatividade! O jingle deve ser curto e fácil de memorizar.

5. Administração financeira
Fazer uma planilha de custos da construção que está sendo planejada pela Equipe 3 e apresentar ao futuro cliente, como forma de demonstrar o diferencial da Inovare: qualidade, inovação e preço baixo.

6. Cartaz com perfil de competências e valores
Em três árvores, que contêm nossa logomarca na copa e o nome de cada competência acima delas.

Pontuação

Item 1 ....30 pontos
Item 2 ....30 pontos
Item 3 ....50 pontos
Item 4 ....30 pontos
Item 5 ....50 pontos
Item 6 ....50 pontos
Total .... **240 pontos**

Critérios subjetivos do cliente
- Dez pontos para a organização e a limpeza do local.
- Dez pontos para o clima de trabalho percebido na empresa.
- Dez pontos para o atendimento.

Total máximo de pontos: 270.

Tabela de preços
- Peças menores: R$ 5,00.
- Peças de tamanho médio: R$ 10,00.
- Peças grandes: R$ 20,00.
- Papel crepom: R$ 1,50 a folha.
- Papel laminado: R$ 1,50 a folha.

8.3.4 Nome da atividade: o enigma de Dalí

Fonte: Jogo do Boy — Grupo Projetar/MG (adaptado e enriquecido por Maria Rita Gramigna).

Estruturação

Objetivo

Trabalhar os principais aspectos facilitadores e dificultadores no processo de comunicação na empresa.

Aplicabilidade

Cursos sobre gestão empresarial, treinamento gerencial e de equipes.

Tempo estimado

Noventa minutos, incluindo o painel de CAV.

Número de participantes

Até cinco grupos de oito participantes.

Material necessário

- Cadeiras.
- Papel cortado em cartões pequenos para circular a comunicação escrita (trinta para cada participante).
- Lápis (um por participante).
- Envelope com o material para cada grupo de funções (um envelope por pessoa).

No envelope, o facilitador acondiciona:

- dez imagens de telas de Salvador Dalí, sendo que somente uma delas é comum a todos os grupos;
- bilhetes para escrever;
- orientação para os jogadores.

Do lado de fora do envelope, o facilitador identifica os jogadores por meio de letras. É recomendável que se formem até três equipes, cada uma representada por uma cor.

- Roteiro do facilitador — organograma, cartaz com símbolos.
- *Flip-chart* e pincel atômico.

Disposição do grupo (para 35 pessoas dividirem em três subgrupos, conforme mostrado a seguir).

As equipes com oito participantes são dispostas de acordo com a figura de um organograma (ver figura a seguir).

F	G	H
C	D	E
	B	
	A	

Desenvolvimento

1. O facilitador prepara a sala com o layout indicado anteriormente (tantas equipes quanto o número de pessoas).
2. Coloca em cada cadeira o envelope correspondente.
3. Pede às pessoas que se sentem aleatoriamente nas cadeiras, sem mudar a organização (pode ser utilizada uma música; elas caminham um pouco e, quando a música é interrompida, cada uma senta-se na cadeira que estiver mais próxima).
4. O facilitador expõe as regras do jogo utilizando slides em PowerPoint.
5. O facilitador atua como entregador de mensagens.

Informar as regras do jogo por meio de slides em PowerPoint.

Rodada I, com duração de dez minutos

1. Vocês receberam um envelope que contém todas as informações sobre o jogo. Não abram ainda. Ele está ao lado da cadeira.
2. Nosso desafio é descobrir o enigma de Dalí.
3. Os facilitadores serão os mensageiros e somente eles poderão entregar os bilhetes.
4. Só recebo comunicações por escrito e entregues em mãos.
5. Vocês devem se comunicar por escrito.
6. Não podem falar com os colegas da frente, do lado e os que estão atrás de vocês.
7. Não podem se comunicar visualmente também.
8. Nas comunicações, não é permitido desenhar ou passar as fichas recebidas. Vou verificar esta regra antes de levar os bilhetes.

9. Para me chamar, vamos combinar um som (combinar com o grupo).

Tirar dúvidas e iniciar o jogo em sua primeira rodada (que será de dez minutos).

Nesta rodada, os bilhetes são entregues e verifica-se se os participantes estão obedecendo à regra de não desenhar nos bilhetes.

Rodada II, sem tempo definido

Após os dez minutos iniciais, informar aos participantes que a empresa quer saber qual o processo de comunicação estabelecido. Solicitar que discutam durante três minutos suas dificuldades. Ao final desse tempo, levantar algumas dificuldades do grupo e informar mudanças de regras mediante slides em PowerPoint:

1. Agora todos podem se comunicar verbalmente.
2. O layout será em círculo.
3. Todos podem ver o material dos colegas e se comunicar de todas as formas possíveis.
4. A equipe que decifrar o enigma primeiro será homenageada pela direção da empresa.

O que geralmente acontece nessa etapa:

- As pessoas descobrem qual é o mote do jogo: somente quem está sentado na letra A tem descrita a tarefa do grupo.
- Geralmente essa pessoa considera que todos possuem tal informação e não repassa o objetivo da empresa.
- Percebem que na segunda etapa tudo fica esclarecido e descobrem o enigma de Dalí: a equipe deve descobrir qual a figura comum ao grupo (que é o carro mostrado na foto apresentada no início da descrição deste jogo).

Dois ou três minutos após o término do jogo (quando todas as equipes descobrirem o enigma), formar um grande círculo e iniciar o painel do CAV.

CAV (ciclo da aprendizagem vivencial)

O CAV é realizado da seguinte maneira: os participantes são reunidos de acordo com as letras A (uma equipe), B (uma equipe), C, D e E (uma equipe), F, G e H (uma equipe).

Relatos

- As equipes registram em cartões os sentimentos comuns que experimentaram durante o jogo. O facilitador entrega uma lista de sentimentos para que a equipe identifique os sentimentos comuns.
- Os cartões onde estão registrados os sentimentos são fixados em folhas de *flip-chart* na frente da sala.
- Os participantes dirigem-se aos murais de sentimentos para conhecer o registro dos outros grupos.
- o facilitador faz um comentário sobre os resultados (se prevaleceram os sentimentos agradáveis ou desagradáveis).

Processamento

Após o relato de sentimentos, cada grupo de letras tem a oportunidade de falar sobre suas dificuldades de comunicação na primeira etapa do jogo.

Generalização

Após a discussão sobre o que ocorreu no jogo, solicitar que o grupo discuta as falhas de comunicação que existem na empresa, comparando-as com o resultado da vivência, e apresentar as conclusões em painel conclusivo.

Comparar os resultados da segunda etapa com o que ocorre no ambiente empresarial.

Aplicação

Fechar com um código de melhorias, a ser elaborado pelas equipes. Cada uma contribui com princípios básicos na comunicação.

Modelo

Ações de melhoria no processo de comunicação (nosso compromisso com mudanças).

Fechamento pelo facilitador

> Enfatizar a necessidade de abertura nas comunicações como fator preponderante para o alcance de resultados. Fazer breve comentário sobre o processo de comunicação assertivo.

O material informativo deve ser reproduzido em cartões para cada participante do jogo da seguinte maneira:

- Letra A: uma cópia por equipe.
- Letra B: uma cópia por equipe.
- Letras C, D, E: três cópias por equipe.
- Letras F, G, H: três cópias por equipe.

Orientações para os participantes

Letra A

- Você coordena essa equipe.
- O grupo deverá descobrir a tela de Dalí, comum a todos os colaboradores.
- Você só pode se comunicar com o participante que estiver atrás de você (letra B).
- A comunicação só pode ser feita por escrito.
- Escreva quantos bilhetes for preciso.
- O facilitador levará suas mensagens.
- Quando vocês descobrirem a figura comum, avise diretamente ao facilitador.

Atenção: não é permitido circular as telas. Você terá que descrevê-las em palavras; caso contrário, o facilitador devolverá sua correspondência.

Letra B

Para realizar a tarefa, você só poderá se comunicar com as letras A (à sua frente), C, D e E (atrás de você). A comunicação só pode ser feita por escrito. Escreva quantos bilhetes forem necessários; o facilitador levará suas mensagens.

Atenção: não é permitido circular as telas. Você terá que descrevê-las em palavras; caso contrário, o facilitador devolverá sua correspondência.

Letras C, D e E

Para realizar a tarefa, você só poderá se comunicar com a letra B e com a pessoa que estiver sentada atrás de você. A comunicação só poderá ser feita por escrito.

Escreva quantos bilhetes forem necessários: o facilitador levará suas mensagens.

Atenção: não é permitido circular as telas. Você terá que descrevê-las em palavras; caso contrário, o facilitador devolverá sua correspondência.

Letras F, G e H

Para realizar a tarefa, você só poderá se comunicar com a pessoa que está sentada à sua frente. A comunicação só poderá ser feita por escrito. Escreva quantos bilhetes forem necessários: o facilitador levará suas mensagens.

Atenção: não é permitido circular as telas. Você terá que descrevê-las em palavras; caso contrário, o facilitador devolverá sua correspondência.

8.3.5 Jogo de empresa: radical livre

Fonte: MRG — Consultoria e Treinamento Empresarial.

Estruturação

Objetivos

Vivenciar desafios do cotidiano empresarial que envolvem estas competências:
- planejamento;
- liderança;
- negociação;
- visão sistêmica;
- criatividade;
- comunicação;
- foco em resultados;
- qualidade no atendimento.

Aplicabilidade

Programas voltados para desenvolvimento gerencial e de equipes.

Tempo estimado

Duas horas, incluindo o CAV.

Número de participantes

Até quarenta pessoas.

Material necessário
- Seis roteiros da simulação.
- Materiais variados: TNT, cola, tesoura, fita-crepe, papel crepom, cartolina, tesoura etc.

Disposição do grupo

Todos formam uma só equipe. O facilitador deixa o grupo livre para fazer seu layout.

Desenvolvimento

Etapa I

- O facilitador fala da importância do projeto e do cenário.
- Informa sobre o tempo para o planejamento.
- Pede que o grupo indique um líder.
- Entrega os seis roteiros para o líder.
- Informa que só voltará a falar com o grupo no momento da apresentação da empresa.

Etapa II

O facilitador assume o papel de cliente e visita a empresa. As pessoas apresentam o resultado do trabalho.

Etapa III

- O facilitador pede ao grupo que pontue o trabalho que apresentou.
- Revela o resultado de sua pontuação.
- Compara o resultado da equipe com o do cliente.
- Procede ao CAV.

CAV (ciclo da aprendizagem vivencial)

Relato

Em círculo, os participantes falam livremente sobre seus sentimentos.

Processamento

- Em grupos, as equipes identificam quais competências foram mais exigidas no jogo.
- Apontam as principais falhas e acertos.
- Registram o resultado das discussões.
- Os representantes apresentam o resultado em um palco simulado.

Generalização

Em painel livre, os participantes comparam o que ocorreu no jogo com o cotidiano empresarial.

Aplicação

- As equipes definem quais as competências necessárias para a excelência.
- Registram uma carta de intenções para o aperfeiçoamento dessas competências.

Fechamento pelo facilitador

Preparar uma breve fala sobre a importância de cada participante ser responsável pelo desenvolvimento das competências exigidas em suas funções.

Anexos

Para confecção de cartazes a serem entregues ao líder escolhido pelos participantes.

Dados sobre a empresa

Nome da empresa
Radical Livre.

Tempo destinado às atividades
- Cinqüenta minutos, incluindo a organização das equipes e a realização das metas.
- Dez minutos para a apresentação dos resultados ao cliente final.

Observação: a cada minuto de atraso, a empresa perde três pontos.

Quem somos?
- Nossa empresa está situada na cidade de Pam, capital de Centauros.
- Estamos em uma região montanhosa, acidentada, com diversas trilhas, rios e cachoeiras. O clima é temperado, e a temperatura média é de 25ºC. Ultimamente, percebemos que o mercado mostra-se favorável ao nosso negócio, e a direção resolveu investir na divulgação de nossa imagem.
- Estamos vislumbrando possibilidades de expansão das atividades da Radical Livre em outros estados e ampliação de nossa clientela.
- Para apoiar nossos novos empreendimentos, há um grande investidor das ilhas gregas que virá conhecer nossos serviços e o modelo de gestão da Radical Livre.

Missão
Contribuir para a melhoria da qualidade de vida das pessoas e das organizações, mediante a prática do esporte ecológico e radical.

Nossos principais clientes
Turistas e empresas do ramo de lazer e hotelaria.

Alguns empreendimentos da Radical Livre
- Participação no Plano Diretor da prefeitura local, no projeto que regulamenta a prática de esportes radicais.
- Revista que indica as melhores rotas turísticas e de negócios do estado de Centaurus, ressaltando a capital em questão.
- Envio de artigos e sugestões de pauta ao maior jornal de circulação regional, o que tem favorecido a expansão do turismo local.
- Promoção do Prêmio Regional de Rafting.
- Promoção do Campeonato Nacional de Esportes Radicais.
- Promoção do Festival de Arte Popular.
- Programa de capacitação esportiva para menores carentes da região.

Nosso projeto atual

Usar a arte e a criatividade em todas as iniciativas da Radical Livre, de forma a mostrar nossas competências e nossa maneira inovadora de trabalho.

Nosso foco

Em todas as nossas comunicações com o público, ressaltaremos as seguintes qualidades presentes no nosso ambiente:

- inovação;
- história;
- saúde e qualidade de vida;
- esportes radicais;
- literatura (incluindo poesia);
- oportunidades de negócio;
- turismo ecológico.

Estratégia inicial

Usar todos os meios de comunicação disponíveis para a difusão da Radical livre, apresentando trabalhos de forte conteúdo emocional.

Desafio

A direção da Radical Livre usará parte de seu capital de giro para realinhar a empresa em seis áreas-chave.

Atuando com enfoque nas competências, foram definidas e negociadas algumas metas para as diversas áreas da empresa, de modo a ganhar novos mercados.
Em sessenta dias (em nossa unidade de medida, sessenta minutos), apresentaremos nossa maneira de ser para o representante do cliente grego.

Metas

1. Área de criação e comunicação

Criar um símbolo (logomarca) que retrate nosso negócio. A marca deve ser acompanhada de um slogan. Este e o símbolo deverão ser apresentados em um cartaz feito em cartolina ou folha de *flip-chart* branca.

2. Área de criação e produção artística

Criar uma coleção de roupas apropriadas ao esporte radical, como:

- agasalhos;
- calças e bermudas;
- capacetes de proteção;
- bonés;
- tênis e papetes (sandália especial para caminhada em trilhas).

A coleção deve ser exposta em um cartaz, indicando sua utilidade e funcionalidade.

3. Área de criação e produção artesanal

- Apresentar uma obra-de-arte confeccionada em qualquer material, para decorar o hall de entrada da empresa.
- Altura mínima: um metro.

4. Área de criação e produção sonora

Criar um jingle bem curto que retrate nossos valores e ressalte nossa missão e definir um grito de guerra para o final.

5. Área de criação e proteção ambiental e ao turista

Preparar uma carta que deverá ser entregue a todos os turistas que cheguem à cidade, alertando quanto aos perigos locais e abordando itens de proteção ambiental.

6. Área de planejamento, análise e sensibilização de talentos

- Definir as três competências essenciais de nossa empresa.
- As competências devem estar registradas em árvores: nas raízes, devem ser registradas as atitudes referentes à competência; no tronco, os conhecimentos necessários para o seu desenvolvimento; na copa, as habilidades (ações de saída). Total de três árvores.
- A equipe de planejamento poderá pedir consultoria ao facilitador.

Critérios de qualidade

Item

Indicadores

1. Slogan e símbolo
   - Slogan: do lado direito do nome da empresa.
   - Símbolo: acima do nome.

Apresentar em cartaz de fundo branco e bordas azuis.

2. Coleção esportiva

   Cinco itens, no mínimo. Cores da natureza. Modelos unissex, desenhados em cartaz com fichas alusivas à sua utilidade.

3. Obra de arte para o hall da empresa

   Altura mínima de um metro. É permitido adicionar qualquer material. Confeccionada de forma artesanal. Natureza!

4. Música e grito de guerra

   Toda a empresa deve cantar o jingle e participar do grito de guerra. Energia e criatividade!

5. Carta de alerta ao turista

   A carta deve conter dez itens de alerta ao turista e cinco itens de proteção ambiental. Deve ser escrita em forma de cartaz, em meia folha de *flip-chart*, com as bordas na cor azul. Logomarca no canto superior direito.

6. Cartaz com perfil de competências e valores

   Em três árvores, que contêm nossa logomarca na copa e o nome de cada competência acima delas.

Pontuação

Item 1 .... 50 pontos
Item 2 .... 50 pontos
Item 3 .... 30 pontos
Item 4 .... 40 pontos
Item 5 .... 50 pontos
Item 6 .... 50 pontos
Total .... **270 pontos**

Critérios subjetivos do cliente

- Dez pontos para a organização e limpeza do local.
- Dez pontos para o clima de trabalho percebido na empresa.
- Dez pontos pelo atendimento.

Total máximo de pontos: 300.

8.3.6 Jogo das competências

Fonte: MRG — Consultoria e Treinamento Empresarial.

Este jogo tem sido utilizado:

- em diversos cursos de MBA sobre gestão de negócios, especificamente no módulo gestão de pessoas, com o objetivo de reforçar o conceito de competências e enfatizar o papel do líder na geração de resultados;
- em seminários de desenvolvimento de lideranças, com o objetivo de reforçar o papel do líder na energização de suas equipes.

No jogo das competências, as pessoas vivenciam um empreendimento em equipe, com base nas competências universais.

Estruturação

Objetivo

Vivenciar os desafios do cotidiano empresarial que envolvem estas competências:

- planejamento;
- liderança;
- negociação;
- visão sistêmica;
- criatividade;
- comunicação;
- foco em resultados;
- qualidade no atendimento.

Aplicabilidade

MBA em gestão de pessoas e programas voltados para o desenvolvimento gerencial e de equipes.

Tempo estimado
Duas horas, incluindo o CAV.

Número de participantes
Até quarenta.

Material necessário
- Seis roteiros da simulação.
- Materiais variados: TNT, cola, tesoura, fita-crepe, papel crepom, cartolina, tesoura etc.

Disposição do grupo
Todos formam uma só equipe. O facilitador deixa o grupo livre para fazer seu layout.

Desenvolvimento

Etapa I
- O facilitador fala sobre a importância do projeto e sobre o cenário.
- Informa sobre o tempo para o planejamento.
- Pede que o grupo indique um líder.
- Entrega os seis roteiros para o líder.
- Informa que só voltará a falar com o grupo no momento da apresentação da empresa.

Etapa II
O facilitador assume o papel de cliente e visita a empresa. As pessoas apresentam o resultado do trabalho.

Etapa III
- O facilitador pede ao grupo que pontue o trabalho apresentado.
- Revela o resultado de sua pontuação.
- Compara o resultado da equipe com o do cliente.
- Procede ao CAV.

CAV (ciclo da aprendizagem vivencial)

Relato
Em círculo, os participantes falam livremente sobre seus sentimentos.

Processamento
- Em grupos, as equipes identificam quais competências foram mais exigidas no jogo e apontam as principais falhas e acertos.
- Registram o resultado das discussões.
- Os representantes apresentam o resultado em um palco simulado.

(continua)

(continuação)

Generalização
Em painel livre, as pessoas comparam o que ocorreu no jogo com o cotidiano empresarial.

Aplicação
- As equipes definem quais as competências necessárias para a excelência.
- Registram uma carta de intenções para o aperfeiçoamento delas.

Fechamento pelo facilitador
Preparar uma breve fala sobre a importância de cada participante ser responsável pelo desenvolvimento das competências exigidas em suas funções.

Anexos

Para confecção de cartazes a serem entregues ao líder escolhido pelos participantes.

Nome da empresa
Arte & Fatos.

Tempo destinado às atividades
- 45 minutos para organizar as equipes e realizar as metas.
- 5 minutos para a apresentação de resultados à direção da empresa.

Quem somos?
- Nossa empresa está situada na cidade de Horizontina, capital do estado de Diamantes.
- Somos a terceira empresa no ramo de serviços e atendemos às faixas A e B da população de Diamantes. Nosso faturamento tem aumentado gradualmente, ano a ano.
- A rentabilidade vem se mantendo estabilizada, devido a alguns investimentos em novas tecnologias de informação e projetos voltados para a competitividade.
- Ultimamente, a direção da empresa percebeu que o mercado está favorável ao nosso negócio e resolveu investir na divulgação de nossa imagem.
- Estamos vislumbrando possibilidades de expansão das atividades da Arte & Fatos em outros estados e a ampliação de nossa clientela atual.
- Para apoiar nossos novos empreendimentos, estamos contratando com o Banco Horizontino uma linha de crédito de R$ 100.000 (cem mil reais), com retorno estimado em doze meses.

Dados sobre a empresa

Missão

Contribuir para a divulgação da cultura diamantinense, de modo a atrair o turismo de negócios para nossa capital, usando os meios de comunicação disponíveis, a fim de atingir todo o mercado nacional e internacional.

Nossos principais clientes

Empresários da rede hoteleira, de eventos, governos estadual e municipal.

Alguns serviços prestados

- Caderno de orientação ao turista horizontino.
- Revista-roteiro indicando rotas turísticas e de negócios do estado de Diamante.
- Promoção do Dia Internacional do Cidadão Horizontino.
- Promoção do carnantino (carnaval fora de época).
- Promoção do Festival Horizontino de Arte Popular.
- Promoção 'Ampare um diamantino sem abrigo' (voltada para crianças carentes).
- Organização geral do fórum de negócios latino-americano (reunindo 150 empresas de países de língua latina).
- Organização geral da Feira Pan-Americana de Negócios.

Nosso projeto atual

Usar a arte e a criatividade em todas as iniciativas da Arte & Fatos para mostrar nossas competências e nossa maneira inovadora de trabalho.

Nosso foco

Em todas as nossas comunicações com o público, ressaltaremos as seguintes qualidades do povo diamantino:

- alegria e hospitalidade;
- história;
- festas folclóricas;
- música;
- arte (especialmente a pintura);
- artesanato;
- literatura (incluindo poesia);
- oportunidades de negócio;
- infra-estrutura do estado.

Estratégia inicial

Usar os meios de comunicação disponíveis para a difusão da Arte & Fatos, apresentando trabalhos de forte conteúdo emocional.

As metas

A direção da Arte & Fatos usará parte da linha de crédito obtida no Banco Horizontino, em uma série de ações que certamente reverterão a favor da imagem positiva da empresa.

Após o seminário sobre gestão por competências, foram definidas e negociadas as seguintes metas:

1. Área de criação e comunicação

Agregar um slogan e um símbolo ao nosso nome (Arte & Fatos), que deverão estar presentes em toda a nossa papelaria: um envelope ofício, um papel ofício, um *banner* da empresa e um botom para cada empregado.

2. Área de criação e produção artística

Produzir uma tela em papel *flip-chart* ou cartolina, usando diversas cores, retratando os principais fatos de nossa cultura. A tela deverá ser colocada na entrada da empresa. Apoiamos a cultura!

3. Área de criação e produção artesanal

- Apresentar uma obra de arte confeccionada em qualquer material para decorar o hall de entrada da empresa.
- Altura mínima: um metro.

4. Área de criação e produção sonora

Criar uma música que retrate nossos valores e ressalte nossa missão e definir um grito de guerra para o final.

5. Área de criação e produção teatral

Criar um personagem para nossa campanha, que deve retratar nossas pretensões futuras, atuando em um pequeno comercial de TV (caracterizar uma pessoa e armar o cenário simulado).

6. Área de planejamento, análise e sensibilização de talentos

- Definir o perfil geral dos colaboradores da Arte & Fatos, incluindo três competências essenciais.
- Essas competências devem estar desdobradas em: atitudes desejáveis, conhecimentos básicos e habilidades essenciais.
- Devem ser colocadas em cartazes, obedecendo à metáfora da árvore (verificar com o facilitador).

Critérios de qualidade

Item

Indicadores

1. Slogan e símbolo
- Slogan: do lado direito do nome da empresa.
- Símbolo: acima do nome da empresa.

(continua)

(continuação)

> Os modelos da papelaria devem ser confeccionados e conter essas marcas (um exemplar de cada).
>
> 2. Tela em *flip-chart* ou cartolina
>
>   Retratar pelo menos quatro itens que fazem parte de nosso foco atual. Uso de guache. Pelo menos 50 por cento da tela deve estar pintada.
>
> 3. Obra de arte para o hall da empresa
>
>   Altura mínima de um metro. Uso de qualquer material. Confeccionada de forma artesanal. Brilhos!
>
> 4. Música e grito de guerra
>
>   Toda a empresa deve cantar a música e participar do grito de guerra. Energia e criatividade!
>
> 5. Personagem
>
>   Uma pessoa fará o papel do personagem, que deve ter um nome fácil de lembrar e que soe Arte & Fatos.
>
> 6. Cartaz com perfil de competências
>
>   Cada árvore em uma folha de cartolina, com o nome da empresa. O slogan e o símbolo devem aparecer nos cartazes.

Pontuação

Item 1 .... 50 pontos
Item 2 .... 30 pontos
Item 3 .... 30 pontos
Item 4 .... 40 pontos
Item 5 .... 50 pontos
Item 6 .... 50 pontos
Total .... **250 pontos**

Os dois jogos a seguir têm estrutura e cenário similares. Um deles é aplicado em programas de capacitação e desenvolvimento. O outro, mais simplificado, em seleção de pessoal.

8.3.7 Jogo de empresa: a construção da árvore

Fonte: MRG — Consultoria e Treinamento Empresarial.

Estruturação

Objetivo

Praticar uma atividade de construção em equipe em que diversas competências são disponibilizadas pelas pessoas.

Aplicabilidade

Seleção de pessoal.

Esta vivência foi criada para avaliar o potencial de pessoas nas funções de coordenação e liderança. Ela permite avaliar indicadores das seguintes competências:

- liderança;
- planejamento;
- comunicação;
- tomada de decisão;
- criatividade;
- capacidade de trabalhar sob pressão;
- flexibilidade e adaptação a mudanças.

Tempo estimado

Uma hora, incluindo o CAV.

Número de participantes

Até quinze.

Material necessário

- TNT.
- Cartolina.
- Cola.
- Grampeador.
- Papel crepom nas cores de uma árvore.
- Folha para planejamento.

Disposição do grupo e desenvolvimento

Em grupos (em cadeiras e mesas).

Sensibilização

Falar sobre uma demanda urgente surgida na empresa.

Prática

Etapa I (quinze minutos)

- As equipes tomam contato com os materiais.
- Elaboram o plano de execução de uma árvore com raízes, tronco e copa.
- No plano devem constar:
  - o objetivo;
  - a meta da equipe;
  - o prazo para execução;
  - um plano de venda da árvore a um cliente de peso.
- O planejamento deve ser escrito.
- Separam o material e colocam ao lado de sua mesa de trabalho.

Etapa II (quinze minutos)

As equipes executam os planos registrados por outras equipes, no prazo estipulado.

Etapa III

Os grupos que executaram as árvores as apresentam ao cliente (simulado pelo grupo que fez os planos).

Ao final das apresentações, o representante do cliente dá seu parecer sobre a árvore, decidindo se a comprará ou não. Normalmente, ele adquire as árvores, com algumas restrições (solicita melhorias). Ao final da decisão do comprador, dá-se por encerrado o jogo.

CAV (ciclo da aprendizagem vivencial)

Relatos

- Espaços para sentimentos.
- Cada equipe fala de suas dificuldades para cumprir o desafio.
- Assim que todos se manifestarem, fazer comparações com os planos executados do cotidiano da empresa.
- Relato de insight ou percepções que os participantes depreendem da simulação e como poderão superar as dificuldades que surgirem no novo posto.

As simulações da seção a seguir são apropriadas para trabalhar as competências de negociação e vendas.

8.3.8 Simulação: venda de livros

Fonte: Desconhecida, com adaptações para uso em programas da MRG.

Estruturação

Objetivo

Vivenciar um processo de planejamento e prática de venda de produto inovador.

Permite colocar em prática as competências
- comunicação;
- planejamento;
- negociação;
- tomada de decisão;
- criatividade e inovação;
- visão sistêmica e do negócio.

Aplicabilidade

Treinamento de vendedores e gerentes que lidam com venda de produtos ou serviços.

Tempo estimado

Uma hora, incluindo o CAV.

Número de participantes

Até 25 pessoas.

Materiais necessários
- Folhas de cartolina e papel colorido.
- Tesoura, régua e pincel atômico.

- Barbante, durex e fita crepe.
- Sucatas.
- Folhas de instruções (para a equipe de vendedores e de compradores).
- Folhas de registro (para as duas equipes).

Disposição do grupo e desenvolvimento

Cenário

A turma é dividida em duas equipes: vendedores e compradores. Cada uma trabalha em ambientes diferentes, nos quais não se enxerguem e não escutem o que estão planejando. O facilitador entrega as folhas de instrução somente depois de as equipes já estarem separadas.

Etapas

1. Vinte minutos para planejamento.
2. Cinco minutos para a fase de apresentação do produto.
3. Dez minutos para a pontuação e tomada de decisão.

Orientações aos jogadores

Ver anexos, no final do texto.

CAV (ciclo da aprendizagem vivencial)

- Análise do clima de trabalho, com fotos ou figuras de revista. Registro em cartaz e exposição à frente da sala, em espaço próprio.
- Análise e registro das dificuldades de toda ordem para atender ao cliente (somente para os vendedores).
- Análise e registro das dificuldades de compra do produto (somente para os compradores).
- Falhas da equipe de vendedores.
- Falhas da equipe de compradores.
- Comparações com o dia-a-dia empresarial.
- Ações que facilitam o fechamento de uma venda e a conquista e manutenção de um cliente.

Fechamento pelo facilitador

Enfatizar itens importantes apontados pelos participantes. Repassar conteúdos referentes a negociação, atendimento ao cliente e fechamento de vendas.

Anexos

Folha de instruções para os vendedores

Vocês trabalham em uma das maiores editoras do país, a CriARTE.

Nossa empresa está passando por dificuldades financeiras, devido à queda de vendas no mercado editorial. Recentemente, o presidente decretou férias coletivas para todos os funcionários da produção. No retorno, nos deparamos com um pedido de criação de um projeto inusitado que, se aprovado, tirará a empresa do caos financeiro em que se encontra.

Somos responsáveis pela sobrevivência de mais de 150 empregados.

Dados sobre o cliente

O provável cliente é uma Associação de Portadores de Deficiência Visual. Pesquisando junto aos associados, detectou-se que 99 por cento deles ressentem-se da falta de livros de aventura que atendam à sua necessidade de lazer. Os livros existentes no mercado são muito comuns, sem criatividade, quase todos com histórias repetitivas e sem graça.

A associação foi informada sobre o potencial criativo de nossa equipe e decidiu encomendar um projeto voltado à literatura de aventura para o público adulto de portadores de deficiência visual. Existem outras editoras concorrentes que também estão trabalhando nessa idéia, porém a prioridade é para a nossa.

O cliente determinou um prazo de vinte dias (vinte minutos) para a montagem do projeto. É recomendável que se faça um protótipo do livro (em maquete ou desenho).

Os diretores da associação não são portadores de deficiência; somente os associados são portadores de deficiência visual.

Ao final do tempo determinado, haverá uma reunião em nossa empresa para apresentar o projeto.

Desafio

Elaborar um projeto de acordo com a necessidade do cliente que atenda aos seguintes requisitos:
- criatividade;
- inovação;
- adequação à clientela de portadores de deficiência visual.

Folha de instruções para os compradores

Vocês são da diretoria de uma Associação de Portadores de Deficiência Visual.

Em recente pesquisa, detectou-se que os associados ressentem-se da ausência de um mercado editorial direcionado ao deficiente visual adulto, no que se refere à literatura de aventura. Existe um interesse de 60 por cento dos associados pela leitura de aventura, como lazer individual. As mulheres são minoria e também manifestaram o desejo de ter acesso a esse tipo de literatura.

Informados sobre o potencial criativo da Editora CriARTE, resolveram solicitar um projeto que venha atender à atual necessidade dos associados. Vocês determinaram um prazo de vinte dias (vinte minutos) para que a empresa apresentasse seu projeto. Nesse intervalo de tempo, devem definir os critérios de qualidade que serão avaliados durante a apresentação dos vendedores.

Se alguém da editora procurar a associação, vocês podem repassar as informações referentes aos critérios que estão sendo estabelecidos. Caso contrário, mantenham sigilo até o fim da apresentação do projeto.

Use o quadro a seguir para definir os critérios de qualidade.

> *Observação*: durante a apresentação da editora, somente três pessoas negociarão e farão perguntas. O restante da equipe acompanhará os critérios de qualidade e consolidará a pontuação para o projeto apresentado.

Observação:

- Nos itens 1 a 5, vocês devem identificar os critérios positivos e quantos pontos o fornecedor ganhará se citá-los na apresentação. Esses critérios valem dez pontos.
- Nos itens 6 a 10, vocês devem identificar os critérios negativos e quantos pontos serão reduzidos se forem citados na apresentação. Esses critérios valem cinco pontos negativos.

Exemplo:

Item 1 — Livro com som (dez pontos positivos).

Item 7 — Livro de tamanho grande (cinco pontos negativos).

A decisão quanto à compra ou não do projeto dependerá da diferença entre a pontuação negativa e a positiva

Itens a serem avaliados
Pontos (+ ou –)
Resultado
1 (+)
2 (+)
3 (+)

(continua)

(continuação)

4(+)

5(+)

6(−)

7(−)

8(−)

9(−)

10(−)

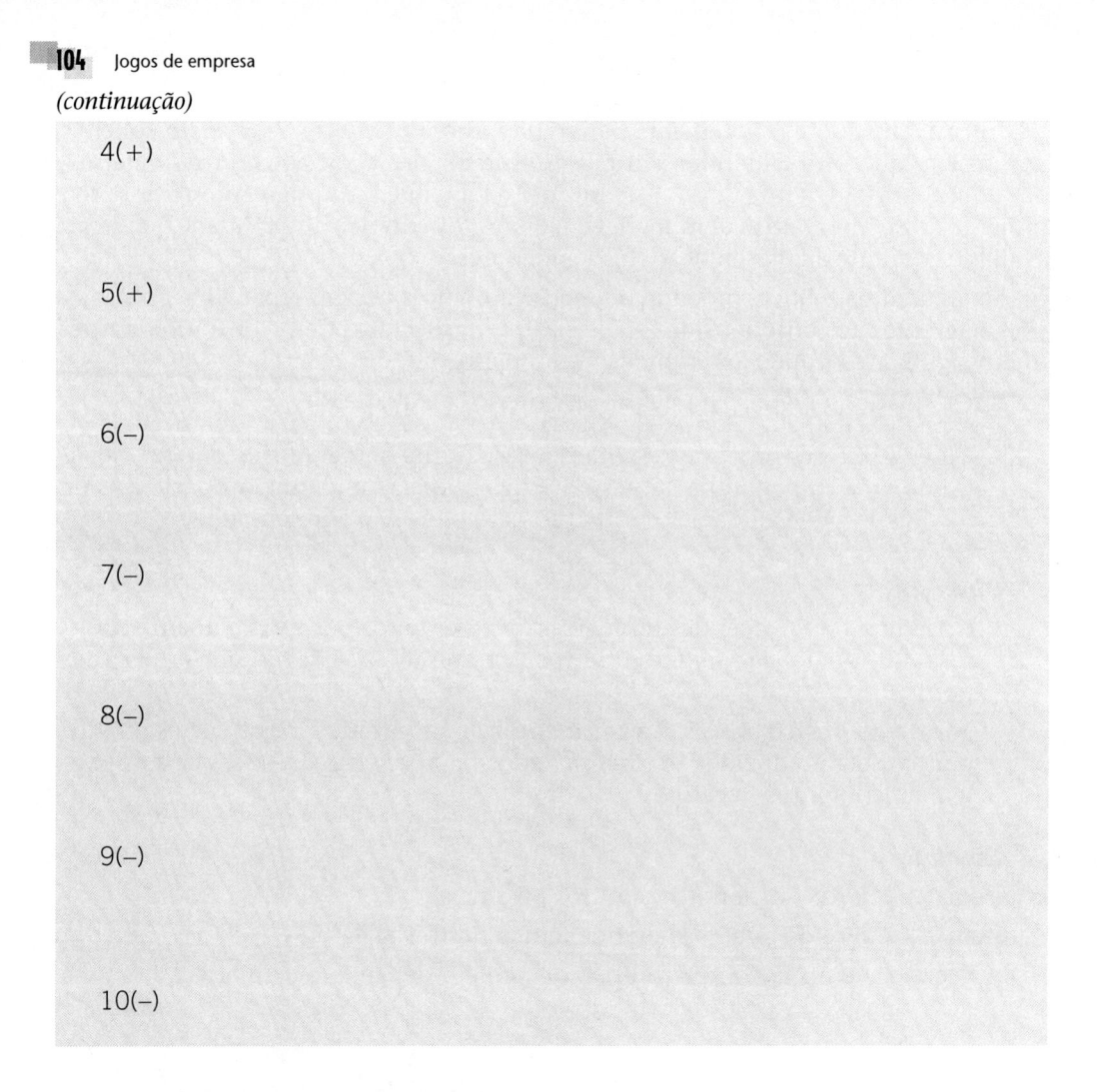

No momento de decidir a compra, façam uma análise de resultados, verificando se há vantagem na compra do projeto.

8.3.9 Simulação: venda cega

Fonte: MRG — Consultoria e Treinamento Empresarial.

Estruturação

Objetivo

Vivenciar uma situação em que a forma de comunicação dificulte o reconhecimento e a negociação com fechamento de venda de um produto.

Aplicabilidade

Programas voltados para habilidade em vendas.

Permite trabalhar as seguintes competências:
- foco no cliente;
- negociação;
- planejamento de vendas;
- comunicação;
- tomada de decisão;
- atendimento ao cliente.

Tempo estimado

Uma hora, incluindo o CAV.

Número de participantes

Até vinte.

Material necessário

- Slides com o roteiro da simulação.
- Material para planejamento: folhas A4, lápis ou caneta.

Disposição do grupo

Duas ou três equipes, distantes umas das outras, em mesas e cadeiras.

Desenvolvimento

1. O facilitador fala sobre a importância do planejamento da comunicação no processo de vendas.
2. Apresenta os slides com informações sobre o produto.
3. Informa o tempo de planejamento: quinze minutos.
4. Elabora o painel de apresentação do produto (quinze minutos, cinco para cada equipe).
5. Pede que cada equipe aponte qual produto apresentou.
6. Expõe os resultados apresentando a foto do produto.
7. Apresenta os resultados e procede ao CAV.

Observação: ao aplicar esta simulação, escolha produtos inusitados, como:

- um par de pernas;
- um óculos usado para pingar colírio;
- um guarda-chuva que se transforma em asa-delta;
- um carro que roda em terra e flutua na água;
- um sapato com GSM.

CAV (ciclo da aprendizagem vivencial)

Relato
Em círculo, os participantes falam livremente de seus sentimentos.

Processamento
Em painel, os participantes falam livremente das falhas na comunicação e das dificuldades para comprar e vender o produto.

Generalização
Em painel livre, os participantes comparam as falhas percebidas no jogo com as do cotidiano empresarial.

Aplicação
Em painel, os participantes apontam como deve ser uma comunicação quando o assunto é venda.

Fechamento pelo facilitador
Preparar uma breve fala sobre o tema negociação e vendas.

Anexos

Para confecção de cartazes a serem entregues ao líder escolhido pelos participantes.

Orientação aos grupos (slides)

Vocês foram orientados a vender um novo produto. Preparem o plano de apresentação para uma possível venda.

Regras

1. É proibido dizer o nome do produto.
2. Podem informar os benefícios, as vantagens e os resultados da compra.
3. O tempo de planejamento é de quinze minutos.
4. A apresentação do produto deverá ser feita a partir do plano executado pelo grupo.
5. Se acharem conveniente, preparem um cartaz, mas nem a figura nem o nome do produto poderão aparecer nele.

8.3.10 Jogo das correntes

Fonte: Curso de Valdemar Helena Júnior, com adaptações de Maria Rita Gramigna (diretora-presidente da MRG — Consultoria e Treinamento Empresarial).

Estruturação

Objetivo

Vivenciar desafios do cotidiano empresarial tendo como principal competência o foco em resultados, mediante a visão compartilhada e da negociação.

Competências de apoio

- Planejamento.
- Negociação.
- Visão sistêmica.
- Comunicação.
- Qualidade no atendimento.

Aplicabilidade

Programas voltados ao desenvolvimento gerencial e de equipes.

Tempo estimado

Duas horas, incluindo o CAV.

Número de participantes.

Até 25 pessoas.

Material necessário

- Cinco tesouras.
- Cinco réguas.
- Cinco tubos de cola branca.
- Dez pincéis atômicos nas cores preta e verde.

- Cinco envelopes grandes.
- Cinco folhas de cartolina branca.
- Duas folhas de papel crepom (uma amarela e uma verde).
- Cinco lápis.
- Cinco borrachas.

Como distribuir o material

Usar os envelopes grandes para acondicionar os materiais. Cada envelope deverá ter um número:

- Envelope A: uma folha de papel crepom, uma cartolina, cinco pincéis atômicos na cor verde, uma tesoura.
- Envelope B: cinco tubos de cola, cinco borrachas, três tesouras.
- Envelope C: duas tesouras, duas folhas de cartolina, cinco pincéis atômicos na cor preta.
- Envelope D: uma folha de papel crepom, cinco lápis, cinco réguas.
- Envelope E: duas tesouras, três folhas de cartolina, cinco lápis.

Disposição do grupo

Dividir a turma em cinco equipes, dispostas em mesas e cadeiras. Identificar as equipes por meio de letras e distribuir os envelopes com o material de cada uma. Logo após a divisão, informar sobre o cenário e as metas do jogo (em slides).

Desenvolvimento

Etapa I

O facilitador divide o grupo, numera e passa os slides informativos.

Etapa II

Inicia a contagem do tempo: trinta minutos de execução (relembrar as regras do jogo).

Etapa III

- O facilitador abre espaços para a exposição dos produtos.
- Verifica os itens de qualidade, apontando possíveis correções.
  Mote do jogo: para alcançar uma produtividade ótima, as equipes precisam reunir os recursos, dividir as metas e economizar material. Geralmente, isso não acontece e o cliente ficar com produto excedente, pois necessita somente de uma unidade de cada item.

CAV (ciclo da aprendizagem vivencial)

Relato

Em círculo, representantes das equipes falam livremente de seus sentimentos.

Processamento

Em grupos, as equipes identificam quais as competências mais exigidas no jogo, apontam as principais falhas e acertos na busca de resultados e dão seu parecer sobre o resultado para a empresa simulada. Registram o resultado das discussões.

(continua)

(continuação)

Generalização

O facilitador entrega o roteiro em papel para recolher ao final das apresentações.

Fechamento pelo facilitador

Apontar os principais indicadores da competência; enfoque nos resultados (orientar-se pelos slides e pelas conclusões das equipes).

Anexos

Para a confecção de cartazes a serem entregues ao líder escolhido pelas equipes.

Dados sobre a empresa

Nome da empresa

Corrente S.A.

Tempo estimado

Trinta minutos para a execução dos produtos e cinco minutos para organizar a exposição de apresentação ao cliente final.

Quem somos?

Nossa empresa apresenta uma variedade de produtos para lojas de conveniência e pequenos armarinhos.

Nossos principais clientes

Lojas de varejo, de pequeno porte, situadas em bairros da periferia.

Nossa meta

Atender ao pedido de um cliente no prazo e na qualidade exigidos, gerando resultados para nosso negócio. Como se aproxima a época do Natal, esperamos que o lote de produtos traga novos pedidos.

Desafio

- Cada equipe tem em seu orçamento R$ 150 (cento e cinqüenta reais).
- O lote de produtos solicitado pelo cliente foi calculado pela área de finanças em R$ 98 (noventa e oito reais).
- A diretoria espera bons resultados a partir dessa venda.

Pedido do cliente

1. Duas correntes com 10 centímetros de espessura, com dez elos.
2. Duas bandeiras de 20 por 10 centímetros, contendo um símbolo que lembre a natureza.
3. Dois barcos de papel na cor branca com enfeites nas cores das correntes.
4. Uma caixa com tampa de qualquer tamanho e cor.

Critérios de qualidade

Item

Indicadores

1. Corrente

Cores dos elos: verdes e amarelos, com cores intercaladas.

2. Bandeira

Símbolo no centro da bandeira. Cores livres.

3. Barcos

Enfeites com o símbolo da bandeira.

4. Caixa

Com tampa.

Critérios subjetivos do cliente

- Qualidade no acabamento.
- Criatividade do símbolo.
- A caixa deverá acondicionar as bandeiras.

8.3.11 Técnica vivencial: mandalas

Fonte: Arquivos da MRG.

Estruturação

Objetivo

Promover a apresentação das pessoas, sensibilizar para a necessidade da harmonização pessoal e preparar para a atividade subseqüente.

Tempo estimado

Em torno de quarenta minutos para pequenos grupos (até quinze pessoas).

Material necessário

- Meia cartolina com um círculo desenhado (no tamanho de um prato grande) e um ponto no meio dele.
- Material de desenho (lápis de cor, giz de cera, caneta hidrocor de ponta fina e grossa).
- Lápis e borracha.
- Papéis crepom e laminado, cortados em pedaços irregulares.
- Cola branca.
- Tesouras.

Desenvolvimento

Etapa I

Informações sobre mandalas (ver a seção Anexos).

Etapa II

Distribuição do material a cada um dos participantes para que construa a sua mandala a partir de seu nome, de um símbolo ou de um valor.

Preparação

Sugestões para a etapa do relaxamento e visualização:

- Antes de começar a desenhar, aproveite alguns momentos para relaxar;
- Procure esvaziar a mente das preocupações do dia.
- Um breve momento para alongamento é bem-vindo.
- Procure deixar o pensamento livre.
- Comece a selecionar tudo o que necessita para a criação de sua mandala.
- Agora, comece a desenhar sua mandala a partir do centro do círculo.

Etapa III

Apresentação das mandalas no círculo.

Etapa IV

Processamento em grupo.

Reflexões pessoais a partir do desenho da mandala

- Mandala.
- Reflita: você procurou permanecer dentro da estrutura e dos limites dados ou ultrapassou-os, desobedecendo ao modelo?
- Você se permite cometer erros?
- Você se irrita consigo mesmo(a) quando comete enganos?
- Ou tem a tendência de ficar de mau humor e descarregar em outras pessoas?
- Você dá tempo a si mesmo ou está sempre com pressa?
- Que cores usou?
- Gostou do resultado de sua mandala?
- Para você, o que sua mandala diz?
- Tente decifrar sua obra-prima e escreva o que refletiu.

Informações sobre mandalas (slides ou cartazes)

O que são as mandalas?

Mandalas são símbolos ancestrais que representam o universo e apresentam um campo energético de muita força. São desenhos sagrados que abrigam, em seu interior, as forças da natureza representadas em seu simbolismo perfeito. Cada mandala cria um campo de poder, um espaço sagrado em que essas energias instalam-se.

Esse processo criativo, além de despertar e atingir o maior grau de consciência, tem também como função a transformação de todos os caminhos pelos quais o ser humano responde ao mundo em todos os seus impulsos.

Essa é a alquimia dos símbolos, cuja fonte é o poder que reside na mandala, a mãe de todos os símbolos.

Origem das mandalas

Os cientistas afirmam que o mundo, como o conhecemos, teve início a partir de uma grande explosão. A mais antiga mandala conhecida provavelmente tenha se formado em função do impacto da queda de algum meteorito em um mar primordial. Temos que reconhecer que a mandala é mais antiga do que todos nós. Tão antiga quanto a existência do mundo, tão antiga quanto a criação.

Encontramos mandalas em rosáceas das grandes catedrais góticas, como imagens ou como símbolos. Os construtores dessa época utilizavam a mandala porque acreditavam não existir outro meio de representar o caráter cíclico da criação e da união da transcendência do ponto central da rosácea.

Como exemplo, temos a rosácea da catedral de Notre Dame, em Paris, e muitas outras que se encontram espalhadas pelo mundo.

Na verdade, nosso mundo, qualquer que seja ele, encontra-se sempre no centro: uma idéia antiga que, no decorrer dos séculos, teve desvirtuado o seu verdadeiro sentido, a ponto de não permitir a idéia de que a Terra não era o centro do cosmos.

Considerações

A mandala não serve apenas para despertar ou atingir maior grau de consciência. Sua função principal é a de transformar todos os caminhos pelos quais o homem responde ao mundo em todos os seus impulsos.

Ao criarmos uma mandala, geramos um símbolo pessoal que revela quem somos em dado momento. O círculo que desenhamos contém, e até mesmo atrai, partes conflitantes da nossa natureza. Mas, mesmo quando um conflito vem à tona, o ato de criar uma mandala produz uma inegável descarga de tensão, talvez porque a forma do círculo nos recorde o isolamento seguro do ventre materno.

Desenhar um círculo talvez seja como desenhar uma linha protetora ao redor do espaço físico e psicológico que identificamos como nós mesmos. O simples ato de desenhar dentro de um círculo pode proporcionar a experiência de um sentido de unidade.

Por um momento, deixe de lado as responsabilidades, certo(a) de que poderá reassumir seus compromissos ao final da meditação com a mandala. Geralmente, não há limite de tempo para a confecção de mandalas.

8.3.12 Técnica vivencial: mosaico dos valores

Fonte: Tecnocreática: filosofia do master em criatividade aplicada da Universidade de Santiago de Compostela, Espanha. Ser criativo é "pensar com todo o cérebro e expressar-se com todo o ser". Criação de Maria Rita Gramigna, a partir de trabalho realizado por Doris (desenho do nome).

Estruturação

Objetivo

Incluir as pessoas e promover a apresentação dos participantes, por meio da sondagem de valores pessoais, de forma criativa e motivadora e dentro dos princípios da tecnocreática.

Aplicabilidade

Seminários e eventos cujo tema central inclua os itens valores, equipes ou competências.

Tempo estimado

Aproximadamente 60 a 90 minutos (dependendo do número de participantes).

Número de participantes

Até cem pessoas.

Material necessário

- Pedaços de cartolina para confecção de um mosaico, com marcas em uma das laterais.
- Pincel atômico ou canetas hidrocor.
- Lápis de cera.
- Fita-crepe.
- Música de fundo harmonizante.

Disposição do grupo

Aleatória (iniciar com formação em círculo no momento das informações).

Desenvolvimento

- Breve exposição da tecnocreática (pensar com todo o cérebro — uso do racional — e expressar-se com todo o ser — uso da emoção, arte, intuição etc.). Informar que todos descobrirão sua veia artística e produzirão uma obra de arte. Falar também sobre os grandes mestres da pintura: Monet, Picasso, Dalí, Van Gogh. Ressaltar que cada um deles tem seu estilo pessoal. Expor os requisitos necessários para elaborar uma obra de arte: recursos, imaginação, emoção, intuição e inspiração.
- Apresentar os recursos. Dizer que a técnica é livre e a inspiração será estimulada a partir de um valor básico, que servirá como guia para cada pessoa.
- Distribuir peças de um quebra-cabeça, no qual cada participante (ou equipe) fará uma obra de arte, utilizando o material disponível, escrevendo, com o pincel atômico, seu valor no centro da tela. A partir do valor, criar cores, traços, arte.
- No caso de equipes, o valor deve ser definido por consenso, e todos devem ajudar a criar a obra de arte.
- Depois do desenho pronto, o participante assina a obra de arte.
- A seguir, realiza-se um desfile de mosaicos com música de fundo. Os participantes caminham e observam os mosaicos dos colegas.
- Os participantes aproximam-se, formando equipes por afinidade.
- Conversam sobre seus mosaicos por cinco minutos.
- Montam os mosaicos por equipes, reunindo as partes (uso de fita-crepe).
- Montam o mosaico humano reunindo as peças de cada equipe.
- A consolidação de resultados é delegada a um dos participantes (quais os valores presentes e quantos escolheram cada um), que deverá repassar o resultado para o facilitador.

CAV (ciclo da aprendizagem vivencial)

Relato

- Procede-se ao CAV (relato de sentimentos, dificuldades, facilidades, sacadas, conclusões).
- O que chama a atenção no mosaico.
- Reflexões a partir da vivência (diferenças individuais, ocupação de espaços, diversidade de valores, variação de estilos, integração entre as partes, apesar das arestas etc).

Fechamento pelo facilitador

Cola-se o mosaico na parede e faz-se um breve comentário sobre o resultado, reforçando os principais aspectos apontados pelo grupo no painel de CAV. Encerra-se a atividade mostrando os valores universais e os valores declarados (consolidação de grupos em que a MRG já atuou com essa atividade).

Sugestões de slides (recomenda-se prepará-los com ilustrações alusivas a cada item).

Equipes
Participantes que se envolvem e se comprometem com uma tarefa, um objetivo ou um projeto comum.

Indicadores que fazem o sucesso de uma equipe
- Motivação.
- Colaboração entre as pessoas.
- Relacionamento interpessoal assertivo.
- Comunicação aberta.

Variáveis que interferem na atuação de uma equipe
- Propósito.
- Comprometimento com um projeto coletivo.
- Valores e crenças das pessoas.

Valores
Normas, princípios ou padrões de comportamento aceitos por um grupo, uma organização ou uma sociedade.

Valores
- Orientam os princípios de conduta das pessoas em uma organização.
- Definem os padrões de comportamento e contribuem para o estabelecimento da cultura interna.

Exemplo:
Valor: cooperação.
Princípio: ajuda mútua.
Crença: as pessoas gostam de se ajudar e de trabalhar juntas.
Cultura: participação.

Princípios
Expressos em palavras, frases ou idéias.
Temos por princípio...
- Agir com ética e honestidade.
- A ética.
- Honestidade e respeito serão nossos valores-guia.

Valores e crenças
- Honestidade → podemos acreditar e confiar nas pessoas.
- Autonomia → as pessoas são responsáveis.
- Qualidade de vida → merecemos o melhor.
- Democracia → o poder deve ser partilhado.
- Liberdade → as pessoas devem ser livres para se expressar e agir.

Modelo de um mosaico

Elenco de valores

1. Lealdade
2. Inovação
3. Respeito pelas diferenças
4. Honestidade
5. Sensibilidade
6. Poder
7. Criatividade
8. Sucesso
9. Cooperação
10. Conhecimento
11. Amizade
12. Coerência
13. Relacionamento
14. Tolerância
15. Simplicidade
16. Unidade
17. Reconhecimento

(continua)

(continuação)

18. Responsabilidade
19. Felicidade
20. Harmonia
21. Ambiente saudável
22. Experiência
23. Liberdade
24. Paz
25. Amor
26. Lucro
27. Humildade
28. Solidariedade

Valores de mercado

Levantamento com participantes de eventos MRG

- Lealdade
- Respeito pelas diferenças
- Honestidade
- Sensibilidade
- Humildade
- Comprometimento
- Qualidade de vida
- Cooperação
- Amizade
- Coerência
- Relacionamento
- Ética
- Flexibilidade
- Autonomia

Valores universais

Pesquisa Brahma Kumaris e Unesco*

- Tolerância

Fonte: Maior índice de escolhas. *(continua)*

(continuação)

- Respeito
- Simplicidade
- Unidade
- Responsabilidade
- Cooperação
- Felicidade
- Harmonia
- Liberdade
- Paz
- Honestidade
- Amor

8.3.13 Oficina de pipas

A idéia de transformar a confecção de pipas em um jogo de empresa surgiu da leitura de uma reportagem no jornal *Folha de S. Paulo*, em 1991. No artigo, falava-se sobre Sílvio Voce, um dos mais criativos eolistas brasileiros, que fez da arte de fazer pipas sua profissão.

Esse jogo foi criado, inicialmente, para atender a uma necessidade da Secretaria de Estado da Fazenda de Minas Gerais, por ocasião da implantação de seu Banco de Potencial (ver Capítulo 7).

Com base no artigo e em livros de autoria de Sílvio Voce, que oferecem diversos modelos e a técnica de confecção, estruturei o jogo. Informações técnicas sobre planejamento e referencial teórico foram complementadas pela consultora Célia Auxiliadora dos Santos Marra.

Ao utilizar a Oficina de pipas pela primeira vez, pude perceber o impacto e a surpresa inicial, tanto dos treinandos quanto daqueles que passavam pelo ambiente onde eram realizadas as atividades. O envolvimento e a motivação estiveram presentes a todo momento.

A partir daí, apresentei esse jogo em congressos, workshops, palestras simuladas e cursos abertos e fechados, em empresas diversas. Algumas, inclusive, têm implantado programas de qualidade total a partir da análise de resultados dessa oficina.

Estruturação

Nome do jogo
Oficina de pipas

Tema central
Planejamento participativo com qualidade.

Material necessário
- Vinte folhas de papel de seda (cores variadas).
- Trinta varetas japonesas ou de bambu.
- Dois tubos de cola plástica.
- Dois carretéis de linha n° 10.
- Quatro tesouras.
- Lápis.
- Régua de 40 centímetros.
- Manuais para confecção de pipas.
- Cartazes com regras do jogo.
- Cartaz com custo do material.
- Cartaz de pontuação.
- Textos ou transparências com informações sobre planejamento.
- Transparência com os catorze pontos Deming de qualidade.
- Roteiros de análise para os participantes.

Tempo estimado
Seis a oito horas, incluindo todas as fases do CAV e informações teóricas:
- Trinta minutos para planejar a produção.
- Uma hora para a confecção das pipas.
- Quinze minutos para o teste de vôo.
- Quinze minutos para preencher o quadro de resultados e indicar a equipe vencedora.
- O restante do tempo, para a análise do jogo, referencial teórico e exercícios de aplicação.

Aplicabilidade
- Treinamento e desenvolvimento.
- Seleção de pessoal e identificação de potencial.
- Implantação de programas de qualidade total.

Tema central
Planejamento participativo e qualidade total.

Objetivo
Permitir ao grupo vivenciar uma situação que exija:
- Planejar em equipe.

- Executar planos de outras áreas.
- Organizar o processo produtivo.
- Controlar custos.
- Negociar informações.
- Liderar.
- Comunicar de forma efetiva.

Indicadores (no caso de seleção de pessoal)
- Planejamento e estabelecimento de metas.
- Comportamento sob pressão.
- Flexibilidade.
- Criatividade.
- Pique de trabalho.
- Reação a feedback.

Desenvolvimento
Etapa I
Dividir a turma em duas equipes e delimitar o cenário do jogo.
- Somos uma equipe que trabalha com confecção de pipas. Vamos participar de uma grande competição fora do país, na qual concorrerão várias empresas. Nossos modelos já são muito conhecidos e queremos ganhar o primeiro prêmio.
- Estamos divididos em duas filiais (conforme o número de participantes, dividi-los em três ou quatro equipes).
- A meta de cada uma é confeccionar pipas para participar do concurso, segundo critérios de qualidade estabelecidos no regulamento.
- Nossos estoques estão baixos. Será necessário adquirir todo o material.
- Temos o prazo de trinta dias (o equivalente a trinta minutos) para planejar e definir os modelos a serem confeccionados.
- A empresa dará um prazo de sessenta dias (uma hora) para verificar os modelos.
- A seguir, faremos em quinze dias (quinze minutos) os testes de vôo.
- Cada pipa confeccionada e aprovada de acordo com os critérios de qualidade estabelecidos receberá pontos.
- Preço de venda: R$ ...
- A filial que conseguir maior pontuação ganhará o jogo.
- Informações mais específicas serão encaminhadas às filiais via fax.

Etapa II
Iniciar o jogo.

Fase de planejamento (trinta minutos)

Durante a fase de planejamento, os participantes já podem comprar o material (o facilitador administra as vendas).

Informar que as pipas confeccionadas durante a fase de planejamento não contarão pontos.

Fase de execução (uma hora)

Terminados os trinta minutos, o facilitador verifica os planejamentos.

Nova orientação para a troca de planejamentos

Nosso gerente geral determinou rodízio entre as filiais. Uma equipe executará o planejamento da outra. Troquem de lugares, deixando todo o material onde está, inclusive o planejamento.

Teste de vôo (quinze minutos)

Levar o grupo para local aberto, onde será feito o teste de cada pipa. Aquelas que voarem e estiverem dentro dos critérios de qualidade serão separadas para concorrer na competição.

Somar os pontos de cada equipe e definir a filial vencedora.

Preenchimento do quadro de resultados (quinze minutos)

Exploração do jogo dentro do ciclo da aprendizagem vivencial

1. **Fase do relato**

Solicitar às equipes que discutam e registrem no mural de desabafos os sentimentos, reações e emoções vivenciados nas três fases do jogo. Após o registro, o facilitador comenta sobre o nível de sentimentos agradáveis e desagradáveis verificados no mural, preparando os participantes para a fase seguinte.

2. **Fase do processamento** (em torno de uma hora)

Distribuir os roteiros de análise para as equipes e solicitar que elejam um relator/redator para apresentar as conclusões do grupo em painel circular.

3. **Fase da generalização** (em torno de trinta minutos)

Depois do painel circular, as equipes retomam os roteiros e identificam as falhas no processo do jogo semelhantes às falhas do seu dia-a-dia e registram o resultado em cartazes que serão apresentados pelos relatores.

4. **Informações teóricas** (não ultrapassar uma hora)

De posse do diagnóstico das necessidades do grupo, o facilitador recorre a textos ou exposições sobre o tema em questão.

Sugestões:

- Características de um planejamento eficaz.
- Técnicas de planejamento participativo.
- Etapas e fases do planejamento.
- Estabelecimento de metas.
- Planejamento de custos.
- Catorze pontos Deming de qualidade.
- Interfaces de trabalho.

5. **Fase da aplicação** (uma hora)

A partir da vivência, da análise do jogo e do repasse das informações pelo facilitador, o grupo já é capaz de elaborar planos reais de melhoria, que podem ser individuais ou setoriais.

Sugestões:

- Solicitar aos participantes que elaborem, em conjunto, um plano de organização setorial (no caso de trabalharem na mesma área), traçando metas para implantação a curto prazo.
- Solicitar a cada participante que elabore uma meta pessoal com vistas a mudanças de postura, comportamento ou atitude que estejam comprometendo o planejamento participativo (no caso de supervisores, chefias e gerentes).
- Orientar o grupo no plano de ação do bimestre ou trimestre seguinte (caso haja esta prática na empresa).

É importante que todos os planos sejam registrados e apresentados em painel. Quando divulgados, há mais chances do comprometimento do grupo com as mudanças propostas.

Modelos dos cartazes

Critérios de qualidade

1. As pipas devem ser bonitas e criativas.
2. Cada pipa deve ter, no mínimo, duas cores.
3. Devem ter, no mínimo, 15 centímetros em cada lateral.
4. Devem ter possibilidade de vôo.

Pontuação

- Dez pontos para as pipas aprovadas.
- Dois pontos para cada pipa aprovada que tenha a logomarca da empresa.
- Vinte pontos para a pipa considerada a mais original.

Custo do material

Item	Valor em R$
Folhas de papel de seda	....
Varetas (dez)	....
Tubo de cola	....
Tesoura (unidade)	....
Linha	....
Régua	....
Manuais	....

Preço de venda de cada pipa
R$ ....

Quadro de resultados				
Equipe de planejamento	Equipe de execução	Pipas planejadas	Pipas executadas	Pipas aprovadas

Análise do planejamento financeiro				
Equipe	Despesas	Pipas aprovadas	Valor das vendas	Saldo

Logomarca da empresa
(Criar)

Roteiro para análise – fase do processamento

1. Identifiquem todas as dificuldades do grupo na realização da tarefa, registrando por áreas:
   - organização;
   - planejamento;
   - comunicação;
   - liderança;
   - tomada de decisões;
   - administração financeira;
   - outras.

2. O bom planejamento exige que seu planificador siga algumas etapas:
   1. detectar necessidades;
   2. estabelecer prioridades e providenciar recursos de toda ordem;
   3. estabelecer objetivos e metas;
   4. registrar o plano por escrito;

5. executar o plano;
6. controlar e avaliar resultados.

Avalie o planejamento que recebeu e o planejamento de seu grupo, utilizando como referência as etapas anteriores.

3. O planejamento eficaz apresenta algumas características básicas, dentre elas:
- boa organização de dados;
- possibilidade de realização por outras pessoas;
- espaço para todos do grupo participarem das atividades planejadas;
- simplicidade;
- clareza, especificidade e precisão de dados;
- flexibilidade para alterações necessárias;
- previsão de todos os recursos necessários;
- previsão de custos;
- detalhamento de dados imprescindíveis;
- metas claras e exeqüíveis.

Levando em conta as características anteriores, avalie o planejamento que sua equipe recebeu, identificando falhas e acertos.

4. Empresas que funcionam tendo em vista a qualidade total seguem alguns princípios (catorze pontos Deming):
   1. Instituem permanentemente o aperfeiçoamento de produtos e serviços.
   2. Adotam a filosofia da busca da qualidade total.
   3. Aperfeiçoam os processos de produção, cuidando da qualidade em todas as etapas do processo.
   4. Abandonam a prática de verificar somente preços, em detrimento da qualidade.
   5. Buscam constantemente o aperfeiçoamento de produtos e serviços, procurando maneiras de eliminar o desperdício e melhorar a qualidade.
   6. Instituem o treinamento em todas as áreas.
   7. Incentivam supervisores e chefias a atuar como líderes, ajudando as pessoas a fazer um bom trabalho e permitindo que descubram o melhor método.
   8. Eliminam o medo, incentivando as pessoas a perguntar o que não sabem.
   9. Eliminam barreiras entre áreas, facilitando interfaces de trabalho.
   10. Eliminam slogans e exortações para a força de trabalho.
   11. Instituem a idéia de metas voltadas também para a qualidade e não somente para a quantidade.
   12. Valorizam e incentivam trabalhos bem feitos, eliminando barreiras que dificultam o alcance da qualidade.
   13. Instituem programas de educação e reciclagem.
   14. Facilitam a implantação da qualidade tendo como apoio a cúpula da empresa.

A partir desses catorze pontos, identifique aqueles que não apareceram em nossa oficina de pipas.

Roteiro para a fase da generalização

- Retomem os trabalhos apresentados pelo painel.
- Revejam todas as falhas encontradas no desenvolvimento do jogo.
- Identifiquem semelhanças entre o ocorrido e o seu dia-a-dia empresarial.
- Façam um cartaz em que se demonstre o resultado dessa análise.

Roteiro de sugestão para a fase de aplicação

Plano individual de metas		
Minha meta pessoal	Prazo	Etapas

8.3.14 Painel Tangram

O Tangram é um jogo chinês cuja origem é contada por uma lenda:

> O Tangram surgiu na China e seu nome significa tábua das sete sabedorias.
>
> Conta-se que, no século XII, um monge taoísta deu ao seu discípulo um quadro de porcelana, um rolo de papel de arroz, pincel e tintas, dizendo:
>
> — Vai e viaja pelo mundo. Anota tudo que vires de belo e depois volta.
>
> A emoção da tarefa fez com que o discípulo deixasse cair o quadro de porcelana, que se partiu em sete pedaços.
>
> Tentando reproduzir o quadrado, o discípulo viu formar-se uma imensidão de figuras belas e conhecidas a partir das sete peças.
>
> De repente percebeu que não precisaria mais correr o mundo. Tudo de belo que existia poderia ser formado pelo Tangram.

A idéia de montar um jogo de empresa a partir do Tangram surgiu quando vi as peças pela primeira vez. Recebi da Opus, empresa de consultoria de São Paulo, um kit com as sete peças do jogo e uma cartela contendo algumas figuras para montar. Procurei nas livrarias bibliografia a respeito e achei o livro *Tangram*, que contém mais de setecentas figuras.

De posse do livro, estruturei o jogo descrito a seguir para utilização no Banco de Potencial da Secretaria de Estado de Minas Gerais, em 1990, como parte do programa.

Por meio de cursos abertos, workshops e participação em encontros e congressos, o jogo Painel Tangram já foi repassado a diversos profissionais da área e vem sendo usado em programas de treinamento e desenvolvimento e seleção de pessoal.

Estruturação

Nome do jogo

Painel Tangram

Tema central
Empreendimento em equipe.

Material necessário
- Um painel com figuras diversificadas (nove ou dez), incluindo o quadrado.
- Tantos jogos Tangram quantas forem as figuras (um jogo de cada cor).
- Cartaz com a lenda do Tangram.
- Cartela com a resolução das figuras (para o instrutor).
- Cartaz de instruções (pontuação e informações sobre o valor das figuras).
- Transparências ou textos ilustrativos sobre trabalho em equipe.
- Roteiros e análise pós-jogo.

Tempo estimado
Três a quatro horas, incluindo todas as fases do CAV e informações teóricas.
- Primeira etapa: vinte minutos.
- Avaliação da primeira etapa: quinze minutos.
- Segunda etapa: vinte minutos.
- Quadro de resultados e definição de equipe vencedora.

Aplicabilidade
- Treinamento e desenvolvimento.
- Seleção de pessoal e identificação de potencial.
- Programas de qualidade.

Objetivo
Permitir ao grupo a execução de um trabalho em equipe em que é necessário:
- negociar;
- organizar a produção;
- liderar;
- orientar;
- estabelecer mecanismos de comunicação inter e intragrupal;
- informar e buscar informação;
- dar e receber feedback.

Indicadores
- Iniciativa.
- Flexibilidade.
- Paciência.
- Persistência.
- Cooperação.
- Persuasão.
- Comportamento sob pressão.

Observação: outros podem ser acrescentados, de acordo com o objetivo pretendido.

Desenvolvimento

1. Dividir a turma em duas equipes e delimitar o cenário do jogo.
   - Relatar para o grupo a lenda do Tangram (usar o cartaz, se necessário).
   - Criar um clima para envolver os participantes. Informar que o jogo acaba de chegar da China e será montada uma empresa de brinquedos para lançar o Tangram no Brasil.
   - O lançamento será por meio de painéis distribuídos no mercado de três em três meses.
   - Para verificar o nível de aceitação da clientela, promover um torneio entre as duas filiais da empresa.
2. Fixar o painel em local visível ao grupo ou entregar ao grupão.
   - Colocar os jogos Tangram no meio da sala (acondicionados em caixa, mala ou outra embalagem que não permita a visão de seu conteúdo).
3. Informar sobre a duração do jogo, vinte minutos (primeira fase), e iniciar a contagem.
   - Não oferecer nenhuma informação, avisando que será enviado fax às equipes (delimitar um local para as mensagens).
   - Iniciar o jogo. Usar filmadora como recurso de feedback.
4. De tempos em tempos, fixar uma informação no local combinado.

Aviso nº 1

O quadrado vale 10 pontos.

Aviso nº 2

A figura nº 2 vale 15 pontos.
As figuras devem ter as mesmas cores que o painel.

Aviso nº 3

A figura nº 3 vale 5 pontos.
As equipes podem negociar peças.

Aviso nº 4

As figuras nº 4 e nº 5 valem na mesma equipe 60 pontos.
Formadas em equipes separadas valem, cada uma, 10 pontos.

Aviso nº 5

Nossa empresa é nova e não tem nome. A equipe que sugerir o melhor nome ganha 50 pontos.

> **Aviso nº 6**
> Todas as outras figuras valem 25 pontos.

A lista é uma sugestão. Cada facilitador poderá criar avisos de acordo com os objetivos pretendidos.

5. Esgotados os vinte minutos, formar um grande círculo e pontuar de acordo com os critérios enviados por fax.

Nesse momento, o facilitador poderá solicitar a ajuda de componentes das duas equipes para a realização de uma pesquisa fora da sala, na qual cinco ou sete pessoas deverão votar o melhor entre os nomes sugeridos para a empresa.

6. Relato e processamento da primeira fase.

De posse do resultado do jogo, trabalhar a primeira e a segunda fases do CAV (rodada de sentimentos, dificuldades e facilidades na execução da tarefa), anotando as dificuldades em um mural.

7. Informar ao grupão que as equipes terão uma segunda chance e poderão negociar a melhor forma de trabalhar.

O tempo para a segunda fase é de vinte minutos.

8. Incluir nova variável na segunda fase:

As equipes podem eleger um representante que terá acesso às informações da matriz de figuras. Ele poderá memorizar as formas e voltar quantas vezes quiser.

> Normalmente as negociações incluem:
> - chance igual na distribuição dos jogos;
> - presença do dono da empresa (facilitador);
> - pontuação igual para todas as figuras;
> - possibilidades de repetir figuras nos dois grupos;
> - montagem das figuras de qualquer cor;
> - comunicação direta com o dono da empresa (facilitador);
> - possibilidades de feedback.

O facilitador poderá aceitar todas as negociações anteriores, alterando-as de acordo com os argumentos do grupo.

Esse momento de avaliação e negociação dura em torno de quinze a vinte minutos.

9. Após definições, iniciar a segunda fase, já de acordo com as novas orientações.
10. Após vinte minutos, avaliar os resultados, comparando com a rodada anterior. Normalmente a produção é maior e o clima de trabalho é mais tranqüilo. As equipes cooperam mais e, algumas vezes, unem-se para formar todo o painel.
11. Relato e processamento da segunda fase.

- Solicitar a todos que manifestem seus sentimentos na segunda etapa do jogo.
- Verificar se as dificuldades foram eliminadas (normalmente algumas permanecem).
- Avaliar a participação do líder com relação à busca e ao repasse de informações.
- Anotar aquelas que não foram superadas.

12. Fase da generalização (primeira e segunda fases)

As equipes devem retornar aos dois painéis de dificuldades e identificar semelhanças do jogo com seu dia-a-dia no que se refere ao trabalho em equipe.

13. Informações teóricas: o facilitador poderá preparar lâminas ou um breve texto sensibilizando o grupo para um efetivo trabalho de equipe.

Sugestões:

- Características de uma equipe eficaz.
- Pontos fundamentais para a efetivação de um trabalho de equipe.
- Habilidades técnicas e sociais para um empreendimento em equipe.
- A comunicação e o sistema de informações como ponto de partida para o trabalho em equipe.
- Outras.

14. Fase da aplicação

Após a discussão do referencial teórico, solicitar aos grupos que estabeleçam metas atitudinais relativas à participação em equipes (podem ser metas individuais, em duplas, em pequenos grupos, ou uma carta de compromissos elaborada por todos).

Outros temas que poderão ser abordados no processamento:
- conceitos de qualidade total;
- sistemas de comunicação empresarial;
- estilos de liderança;
- organização da produção;
- motivação e envolvimento;
- mudanças.

Jogo Painel Tangram (Modelos de painéis)

Observação: os painéis devem ser montados com as figuras, sem a divisão das peças.

Caras e caretas

Jogos estruturados 135

Moradias

Diversos

Capítulo 9

Mitos em torno dos jogos

9.1 Introdução

> "Os mitos são crenças formadas a partir das potencialidades individuais e momento evolutivo, utilizando-se de símbolos, metáforas, imaginação e sonhos."
> *Cecy Baêta, consultora organizacional*

Um mito é uma história imaginária, que tem o poder de descrever padrões de vida, por ser absolutamente verdadeiro em nível interno. De acordo com Burke e Greene (2006), "os mitos representam, também, a imagem de uma experiência psicológica que pode ocorrer sempre que estivermos tentando nos agarrar a pontos de vista imaturos e formos forçados pela experiência a descobrir as realidades da vida e nossas próprias dimensões".

Um mito pode ser tanto fator de desenvolvimento como de barreira para o crescimento. Neste capítulo, consideraremos os dez mitos a seguir como forças restritivas, que precisam ser desmistificadas.

9.2 "Se brinco, não aprendo"

Se não aprendêssemos brincando, hoje não seríamos o que somos.

Quando o lúdico está ausente, sentimo-nos ameaçados e surgem as barreiras e os bloqueios detonados pelo hemisfério esquerdo do cérebro. Esse clima dificulta o desenvolvimento das potencialidades que já possuímos.

Para desmistificar a afirmativa 'se brinco, não aprendo', eis algumas sugestões:

- Comece a se observar e avalie em que situações você mais aprende.
- Reveja sua história escolar e tente se lembrar das matérias de que mais gostava e por quê.
- Pense nas pessoas com as quais você conviveu e convive e identifique aquelas que facilitaram ou facilitam sua aprendizagem. De que forma elas agiram ou agem?
- Se você é instrutor, facilitador de grupo ou monitor, poderá fazer uma experiência com dois grupos: escolha um assunto ou tema desconhecido e desenvolva duas atividades, uma diretiva e uma participativa. Avalie o aprendizado de cada turma.

Você perceberá que se aprende com mais facilidade quando se gosta do que faz e, além disso, quando o ambiente favorece a espontaneidade e a brincadeira.

Você já notou que 'chatice' é participar de reuniões em que o humor está ausente? E que palestrantes bem-humorados e brincalhões são marcantes em nossa vida? Já viu crianças jogando futebol? Já participou do planejamento de uma festa? Já desfilou em uma escola de samba?

9.3 "Jogos demandam muito tempo de planejamento"

Este é um mito que pode ser derrubado com a prática. Quando iniciei o trabalho com jogos, realmente dedicava bom tempo ao planejamento, porque falhava em minha organização pessoal. Atualmente, boa parte do trabalho foi eliminada, a partir de algumas ações preventivas:

- escolha de jogos já testados e vivenciados quando meu tempo de planejar está curto;
- confecção de cartazes duráveis, que podem ser reutilizados várias vezes;
- planejamento único com equipe de apoio;
- utilização do microcomputador com registro de todos os jogos.

Planejar pode tornar-se uma atividade agradável e desafiante. Vale a pena um pouco de trabalho para obter resultados tão ricos!

9.4 "Tenho medo de que os treinandos não entrem no jogo"

Esta preocupação é comum em qualquer situação nova. Também já passei por isso. Quando decidi adotar a metodologia dos jogos como instrumento de trabalho, ficava nervosa e perdia o sono no dia que antecedia cada curso.

À medida que passei a usá-la cada vez mais, a ansiedade diminuiu, e hoje tenho a certeza de que, por maior que seja a resistência de um participante, ele acabará se entusiasmando com o grupo e se envolvendo com as atividades. O poder da descontração e do lúdico é tanto que, até hoje, em minha experiência, somente duas pessoas se recusaram a participar da vivência. Mas isso só no primeiro momento. Quando iniciamos a análise do jogo, pelo ciclo da aprendizagem vivencial, as duas participaram 'pra valer' das atividades subseqüentes.

9.5 "Não gosto de incentivar a competição, ela já é muito forte nas empresas"

A competição não precisa ser incentivada: ela está presente em nós. Foi incentivada em nossas casas, desde a mais tenra infância. A comparação entre irmãos, os boletins escolares com notas diferenciadas, a expectativa e cobrança de nossos pais para sermos perfeitos, tudo isso fez com que nos tornássemos essencialmente competitivos.

Por meio da metodologia de jogos de empresa, que explicita regras claras para definir vencedores e perdedores, essa nossa característica vem à tona e podemos nos conscientizar da necessidade de adotar atitudes cooperativas. Camuflar uma dificuldade não nos permite superá-la.

9.6 "O jogo torna as pessoas agressivas"

Em minha experiência de mais de dez anos trabalhando com a metodologia vivencial, ainda não aconteceu nenhum caso em que o jogo tenha provocado agressividade. Na realidade, as pessoas se comportam de forma natural e expressam seus sentimentos reais em função do clima de descontração; no entanto, no dia-a-dia, elas têm de esconder seus sentimentos para atender a um padrão social de comportamento que condena a espontaneidade.

Nos raros momentos em que surgiram pequenos conflitos, tudo foi avaliado nas fases seguintes ao jogo, o que contribuiu para a melhoria das relações entre as pessoas. Em minha experiência, posso afirmar o contrário: o jogo proporciona momentos de prazer e pode tornar as pessoas mais afetivas e espontâneas.

9.7 "Com uma boa teoria, as pessoas aprendem mais"

A máxima de Confúcio — "Vejo e recordo, leio e memorizo, faço e aprendo" — apresentada no Capítulo 2, é uma tentativa de desmitificação dessa afirmativa.

A teoria é importante e indispensável e pode ser mais bem compreendida quando combinada com situações práticas. Imagine, por exemplo, uma pessoa que aprende a andar de bicicleta por meio de informações teóricas, sem ter a oportunidade de experimentar suas dificuldades e facilidades.

Por analogia, podemos transferir essa situação para nossos programas de treinamento e desenvolvimento.

9.8 "No jogo, não tenho controle da aprendizagem"

É impossível controlar a aprendizagem de outra pessoa. O papel do educador é facilitar o processo, por meio de instrumentos que viabilizem mudanças duradouras.

O que pode nos assustar, a princípio, é o fato de o ambiente onde são realizados os jogos tornar-se muito diferente: as pessoas envolvem-se tanto nas atividades, comportam-se tão naturalmente, que transmitem a impressão de 'verdadeira bagunça'. Falam alto, correm e se atropelam, riem... Enfim, ver um grupo jogando é como contemplar crianças brincando. E qual adulto consegue controlar crianças brincando?

9.9 "Fico inseguro(a) por não ter referencial teórico sobre jogos"

Realmente, há pouca literatura que trate especificamente de jogos de empresa, porém a que existe é suficiente para orientar nossas ações.

Se o aplicador de jogos tiver bom conhecimento sobre processos empresariais, experiência na condução de trabalhos vivenciais em qualquer modalidade e segurança na metodologia de aplicação, obterá sucesso em seu empreendimento. Uma das formas de se atualizar é participar regularmente dos cursos oferecidos no mercado e completar sua formação. Para quem pretende aprimorar suas técnicas, os cursos de formação em dinâmica de grupo, psicodrama empresarial, criatividade e workshop de vivência podem auxiliar de forma expressiva.

9.10 "Não tenho habilidade criativa, logo não posso utilizar jogos"

No Capítulo 2, vimos que todos nós temos potencial criativo. Ele pode estar adormecido e vir à tona quando menos esperamos. Se dermos uma 'chance ao acaso', permitindo-nos errar, o medo provavelmente desaparecerá e aprenderemos com o erro.

Se não tentarmos, não saberemos se conseguimos ou não. Já vi pessoas que não acreditavam em seu potencial e, por meio de coragem e ousadia, passaram a reconhecer habilidades antes desconhecidas.

9.11 "Adulto não gosta de atividades lúdicas"

Buscar a alegria e o prazer é inerente ao seu humano. Porém, alguns mitos, ditados por nossa educação e cultura, podem servir como fronteiras à felicidade.

Principalmente no ambiente de trabalho, a dor é valorizada em detrimento do prazer, a começar pela denominação dos colaboradores da empresa.

> *Trabalha***DOR**,
>
> *Servi***DOR**
>
> e
>
> RECURSOS HUMANOS

É preciso mudar paradigmas e iniciar a batalha pelo resgate do 'lúdico', da 'alegria', da 'espontaneidade', do 'prazer'. Por que ser feliz somente nos finais de semana e nas férias? Por que a espontaneidade e a alegria são confundidas com falta de comprometimento?

Quebrar barreiras, transpor fronteiras, colocar 'vida' em nossos programas é uma forma de ajudar as pessoas a valorizar a criança adormecida que nelas habita.

Capítulo 10

Textos de apoio aos jogos

10.1 Introdução

Os textos apresentados neste capítulo consistem em uma importante ferramenta para o gestor de pessoas, permitindo a ele "ir além" do escopo alcançado nas atividades lúdicas. O objetivo principal aqui é auxiliar o gestor a pensar no desenvolvimento das diversas competências a serem constantemente trabalhadas por suas equipes.

10.2 Textos

A utilização da metodologia da árvore das competências e a metáfora dos seis sapatos — criada pelo mestre do pensamento lateral Edward de Bono —, são alguns dos temas abordados nos textos. Também são apresentadas estratégias para outras competências, como 'planejamento' (seção 10.2.4), 'visão sistêmica' (seção 10.2.5) e liderança de equipes de alto desempenho (seção 10.2.6), entre outras.

10.2.1 Trabalho em equipe: árvore das competências

A divulgação de perfis profissionais em diversas áreas de negócio e em empresas cujas atividades principais diferem umas das outras gera verdadeiro pânico ou desânimo quando o leque de exigências apontadas apresenta-se sem um direcionamento específico.

A árvore das competências profissionais, tema central desta parte do livro, é uma ferramenta que possibilita traçar planos de autodesenvolvimento, com base nas competências essenciais. A árvore é utilizada para mapear seu campo de domínio de competências e planejar metas em médio prazo.

Das diversas definições, adotamos a de Claude Lévy-Leboyer, que permite ao profissional compreender o atual enfoque de competências: "Conjunto de conhecimentos, habilidades e atitudes que algumas pessoas, equipes ou organizações dominam melhor do que outras, o que as faz se destacar em determinados contextos".

Como usar a árvore das competências?

O doutor Helbert Kellner, detentor da metodologia STAR de avaliação em vendas, utiliza a metáfora da árvore para apontar os três indicadores de uma competência.

Quadro 10.1 Indicadores de competência

Copa: representa as habilidades adquiridas e disponíveis para a realização do trabalho.
Tronco: representa os diversos conhecimentos e informações acumuladas ao longo da carreira.
Raiz: representa o conjunto de atitudes e comportamentos que a pessoa mobiliza quando necessita colocar em prática uma competência.

Para traçar uma árvore, é necessário compreender cada um dos componentes de uma competência, descritos a seguir:

As atitudes

Um dos indicadores de impacto e que imprime distinção aos profissionais de vanguarda é o conjunto de atitudes agregadas à sua ação cotidiana. Quanto mais adequado ao contexto, maior o seu nível de influência no ambiente de trabalho.

As atitudes determinam o nível de confiança entre as pessoas, o clima de trabalho, o grau de comprometimento com objetivos e metas organizacionais e, conseqüentemente, resultados maximizados.

Assim como na árvore, as atitudes são fruto da história de cada um: se bem cuidada e cultivada em sua trajetória de vida, terá raízes fortes que sustentarão o tronco, favorecerão a formação de copas produtivas e a coleta de bons frutos. Caso contrário, a árvore precisará de âncoras e de auxílio para sua sustentação e permanência.

Hoje, mais do que nunca, as empresas vêm reforçando a idéia de mudanças comportamentais em seu *staff*. Vejamos algumas atitudes, reflexo de nossos valores e crenças, que fazem a diferença na equipe:

- sensibilidade interpessoal (qualidade nos contatos com pares, clientes e fornecedores internos e externos);
- energia e iniciativa para resolver problemas;
- disponibilidade para colaborar;
- interesse e curiosidade;
- tenacidade e persistência;
- flexibilidade, adaptabilidade: demonstração de atitude aberta e receptiva a inovações;
- postura positiva que demonstre dinamismo;
- integridade e bom senso no trato com as pessoas;
- partilhamento do sucesso com a equipe de trabalho, com reconhecimento público das contribuições;
- senso de honestidade e ética nos negócios;
- compromisso com resultados;
- senso de orientação para metas;
- automotivação e autocontrole;
- busca permanente de desenvolvimento.

O conhecimento

Cada posto de trabalho exige conhecimentos específicos e conhecimentos essenciais. Os processos de decisão, planejamento e organização, comunicação, controle de resultados, negociação e administração de conflitos, dentre outros, são afetados pelo nível de conhecimentos essenciais — aqueles que fazem parte do rol que todo profissional deve saber para ocupar seu posto.

O domínio de procedimentos, conceitos, fatos e informações relevantes interfere diretamente na qualidade desses processos.

O conhecimento é um indicador de competências que ajuda a lidar com o paradoxo da fortaleza e da flexibilidade. Quanto mais conhecimento temos, mais nos tornamos fortes e nos permitimos ser flexíveis para enfrentar mudanças e rupturas que surgem em microintervalos jamais imaginados.

Quem de nós imaginaria, há quinze anos, que um profissional precisaria dominar mais uma ou duas línguas para sobreviver em seu posto? Essa e outras são exigências dos novos tempos.

McCauley, em 1989, já havia elencado o 'aprender depressa' como uma das dezesseis competências referenciais de liderança.

O tempo não pára... Agir como um sensor, antenar-se, procurar ver além das fronteiras e dos muros, perceber em seu contexto as novas demandas do mercado e buscar as fontes de pesquisa são comportamentos que tornam a caminhada profissional mais divertida e rica.

"Quem sabe faz a hora, não espera acontecer!"[1]

As habilidades

Usar o conhecimento de forma adequada é o que chamamos de 'habilidade'. Algumas pessoas acumulam um baú de informações teóricas e têm dificuldade de abri-lo para uso. Com o tempo, o baú é esquecido e ninguém se beneficiou de seu conteúdo.

As habilidades precisam ser demonstradas na prática. O profissional, além de ser bom, necessita demonstrar suas competências por meio de ações. De nada adianta colecionar cursos, leituras e informações em geral se não são úteis e não trazem algum benefício para a coletividade na qual o profissional está inserido. Pragmatismo já!

Quadro 10.2 Árvore das competências passo a passo

Dicas

1. Pergunte-se e pergunte aos outros: que atitudes são exigidas em minha atual função?
2. Faça o rol de atitudes desejáveis.
3. Crie uma forma de auto-avaliação e peça feedback aos pares e pessoas que ocupam postos abaixo e acima de você.
4. Antene-se: que conhecimentos domina e quais deve agregar? Aja e corra atrás do tempo! Lembre-se: para subir a montanha, temos que iniciar pela base. Vale o primeiro passo.
5. Pergunte-se o que sabe fazer bem em seu trabalho e faça sua avaliação de habilidades.
6. Procure saber com seus pares, liderados e líderes como eles o enxergam.
7. Compare os resultados, levando em consideração que aquilo que você sabe, mas os outros não sabem que você sabe, merece um tratamento de marketing.
8. Faça seu rol de metas definindo as habilidades que quer desenvolver ou demonstrar nos meses seguintes.
9. Defina uma forma de avaliar seus progressos.
10. Peça feedback de seu desempenho.

---

[1] Referência à letra da canção 'Pra não dizer que não falei das flores', composição de Geraldo Vandré.

10.2.2 Comunicação: atitudes e linguagem no cotidiano empresarial

As palavras e as atitudes exercem poder assustador na vida das pessoas. Podem ajudar a construir uma auto-imagem positiva ou destruir sonhos e desejos.

Um pouco do que somos e fazemos hoje deve-se aos estímulos que recebemos dos outros.

Nossos familiares exerceram forte influência em nossa infância, professores e mestres na educação formal e, na vida profissional, os gerentes e líderes com os quais convivemos.

Maria Rita Gramigna

Há pouco tempo, participei de um encontro internacional de líderes em recursos humanos, em que a comunicação interpessoal foi um dos temas mais discutidos. Neste texto, abordo três componentes essenciais nesse processo: 'pessoas', 'realidade' e 'linguagem'.

Pessoas

As pessoas diferem entre si e enxergam, cada uma delas, um mesmo fato de maneiras diferentes. Há casos em que a atitude pessoal facilita a convivência e, em outras ocasiões, torna a interação um encargo pouco agradável. É com esta realidade que os líderes precisam aprender a conviver.

Vejamos dois exemplos muito comuns no cotidiano empresarial.

Situação número um

O relacionamento entre as partes está desgastado. Os envolvidos percebem que há chances de superação e resgate da confiança. Existe abertura e flexibilidade para ouvir e esclarecer possíveis mal-entendidos, o que torna o contato mais produtivo. O resultado, quase sempre, é o retorno da harmonia.

Situação número dois

Os problemas de interação são passíveis de solução, porém uma das partes mantém-se inflexível, recusa uma aproximação e mantém a posição de 'dono da verdade'. Neste caso, as relações permanecem sob um clima de ressentimento, o que, fatalmente, afetará o ambiente.

Duas posições existenciais destacam-se nas situações anteriores: a primeira, marcada pela abertura, e a segunda, pela inflexibilidade. Elas ilustram as diferenças individuais e suas conseqüências no clima organizacional.

Realidade

Existe uma crença bastante arraigada nas empresas e que precisa ser repensada: as pessoas devem ser tratadas da mesma forma. Desconfio da veracidade dessa máxima.

A realidade de cada um é interpretada de acordo com sua experiência de vida. Um comentário lúdico e bem-humorado sobre o trabalho pode ser percebido por uma pessoa como um gracejo sem maiores conseqüências, mas, para outra, pode significar uma grave ofensa. Daí a necessidade de o líder desenvolver cada vez mais sua habilidade em comunicação. Cuidados com a linguagem, com a forma e o momento são imprescindíveis.

Linguagem

Gerentes e líderes de equipes têm ao seu dispor vários tipos de linguagem. Vejamos:

- As afirmações: descrevem um fenômeno com neutralidade, sem juízo de valor. É a forma mais imparcial no processo de comunicação e aquela que menos afeta emocionalmente as pessoas.
- As declarações: definem a realidade. No ambiente empresarial, quem declara é o presidente, o diretor ou o gerente. Eles têm autoridade para tanto. Declarações feitas por pessoas que não detêm o poder formal tornam-se inválidas. Faz parte do papel do declarante assumir a responsabilidade pelo que declarou e suportar as conseqüências de mudanças nas regras do jogo.
- Os julgamentos: incluem opiniões pessoais influenciadas por valores e crenças. Além das conversas informais, os juízos estendem-se no ambiente empresarial, entrelaçando-se em outros tipos de linguagem. Sorrateiramente, como quem nada quer, o juízo de valor vai influenciando o comportamento das pessoas — nem sempre de forma positiva.
- As solicitações e as ofertas: são utilizadas quando se pretende gerar compromissos na equipe.
- As promessas: configuram o futuro. A cada solicitação, segue-se uma oferta, quase sempre atrelada a resultados negociados.

Dicas de utilização dos diversos tipos de linguagem

As declarações, as solicitações e as promessas quase sempre são acompanhadas de juízos de valor, interferindo em sua finalidade.

Por representar a realidade de modo unilateral, o julgamento dificulta as relações interpessoais e a obtenção dos resultados desejados.

- Se o que se pretende é obter a adesão de colaboradores a um projeto específico, deve-se usar a linguagem de solicitação, evitando qualquer crítica ou referência a fracassos do passado. Apontar êxitos, indicar pontos fortes, desafiar para a ação, negociar metas, definir formas de acompanhamento de resultados e qualificar o potencial das pessoas são atitudes que certamente constituem fontes de estímulo.

- Se o objetivo da comunicação é declarar mudanças, deve ser anunciada pela autoridade em questão. Nem sempre as mudanças declaradas são aceitas de bom grado pelas equipes. Neste caso, o gerente é o responsável pelo repasse de informações que permitam a compreensão do contexto e pela sensibilização das pessoas.
- A linguagem afirmativa, por ser neutra, auxilia todas as outras.
- O juízo de valor faz mais estragos nas relações interpessoais quando é direcionado para as pessoas. Frases como 'você não está se esforçando', 'você precisa estar atento' ou 'nós nunca planejamos nesta empresa' minam a motivação da equipe.

Meu desafio para os leitores é usar as palavras de forma construtiva e imparcial, eliminando os juízos de valor. Elas são tão poderosas que podem mudar a realidade de uma pessoa.

10.2.3 Capacidade empreendedora: modos de ação do empreendedor

Os seis sapatos atuantes

Um dos maiores estudiosos do pensamento criativo deste século e autor de várias publicações sobre o tema, Edward De Bono, utilizou a metáfora dos seis sapatos atuantes para designar as diversas formas de ação do ser humano empreendedor. Com base nesse referencial, o texto a seguir auxilia os empreendedores em suas iniciativas.

O século XXI está vislumbrando oportunidades para esses profissionais. Saber interpretar o contexto, identificar oportunidades de ação, transformar conhecimentos em novos produtos ou serviços são competências valorizadas atualmente e fazem parte do rol de desafios de qualquer negócio.

Capacidade empreendedora é a capacidade de sonhar e a coragem de realizar sonhos.

No processo de desenvolvimento e empreendimento de uma idéia, um projeto ou um sonho, as pessoas passam por etapas sucessivas:

- *Percepção*: constatação das necessidades.
- *Sensibilidade*: vontade de interferir no que foi percebido.
- *Planejamento e decisão*: definição de objetivos, metas e viabilização de recursos.
- *Ação*: interferência direta no contexto.

Percepção, sensibilidade e pensamento mantêm o empreendedor no campo das idéias. Portanto, a ação dos seis sapatos fecha o ciclo do empreendedorismo. Ao usar a metáfora dos sapatos, De Bono transformou-a em ferramenta de apoio, constando de seis alternativas, que poderão ser aplicadas na íntegra ou isoladamente.

Quadro 10.3 Os seis sapatos atuantes

Características	Modos de ação
1. Sapatos azul-marinho • Lembram a formalidade da própria marinha. A cor dos sapatos é a de muitos uniformes. • Remetem a ações de treinamento, rotinas e procedimentos formais.	Algumas situações exigem o uso da formalidade. Seguir as normas, rotinas e procedimentos, em alguns contextos, pode ser a melhor solução. Toda empresa tem suas regras e leis. Cabe aos empreendedores identificar aquelas que restringem suas ações e as regras liberadoras. Estas últimas servem de ponte para o alcance dos objetivos. Um exemplo de regra liberadora: "Tudo é permitido, exceto o proibido".
2. Sapatos cinza • Sugerem massa cinzenta do cérebro, névoa ou dificuldade para enxergar claramente. • O foco do sapato cinza é a exploração, a investigação e a coleta de dados. • O propósito da ação é obter o maior número possível de informações sobre o contexto.	Além da atenção às normas e às rotinas empresariais, o empreendedor precisa explorar todas as possibilidades de uma idéia. Para superar obstáculos, poderá lançar mão do método investigativo: 1º construir uma ou duas hipóteses; 2º estudar a validade e a viabilidade de cada uma delas; 3º optar pelo curso de ação mais adequado, a partir da validação; 4º reunir e organizar todas as informações disponíveis sobre o contexto em que a idéia será implementada; 5º estudar as probabilidades de aplicação da idéia e seus resultados.

(continua)

(continuação)

3. **Sapatos marrons** • Sugerem terra, pés no chão, praticidade. • Também lembram a lama, situações complicadas que não estão bem definidas. • O modo de ação dos sapatos marrons envolve a praticidade e o pragmatismo. • A iniciativa, a flexibilidade e a prática dão o tom a esses sapatos. • Podem ser considerados o oposto do sapato azul-marinho – informalidade.	Ao propor um empreendimento, é necessário ser pragmático. Percebendo que o plano elaborado é inviável em sua prática, é necessário 'mudar a estratégia'. O sapato marrom aponta em direção à flexibilidade, ao bom senso e à sabedoria. Se uma idéia não pode ser executada e não agrega valor, que motivos levariam alguém a gastar energia em sua implementação? O estilo marrom sugere iniciativa para avaliar a situação de forma imparcial e mudar o que deve e pode ser mudado.
4. **Botas laranja** • Sugerem 'perigo, explosões, atenção e cuidado'. Os sapatos laranja sinalizam 'ações de emergência'. A busca de segurança e o retorno à normalidade são os objetivos desse modo de ação.	As botas laranja devem ser usadas quando há crises de qualquer ordem: • nos negócios, devido a problemas financeiros; • com pessoas, como em greves; • nas crises domésticas que afetam o clima de trabalho e a produtividade. Ao primeiro sinal de desestabilização em uma das áreas anteriores, o empreendedor entra em ação com seu plano de emergência. A ação proativa evita o apagar incêndios.
5. **Chinelos cor-de-rosa** • Sugerem 'sensibilidade' e conforto. • O modo de ação dos chinelos cor-de-rosa pressupõe cuidados, compaixão e atenção aos sentimentos e à sensibilidade humanos.	Muitos empreendedores utilizam o estilo trator (fazer a todo custo, mesmo que passando por cima das pessoas). Tal atitude tem como conseqüência os boicotes e a não-adesão daqueles que se sentem prejudicados. Ao adotar as atitudes dos chinelos cor-de-rosa, revelamos nossos valores pessoais, sensibilidade no trato e cuidado com o outro.

(continua)

(continuação)

6. Botas roxas • O roxo era a cor de Roma imperial. Sugere autoridade e hierarquia. • O modo de ação indica poder da autoridade, do cargo, do papel exercido.	O empreendedor deve estar atento à hierarquia existente em sua organização. A estratégia das botas roxas implica o mapeamento das pessoas que têm influência nas decisões (de forma positiva ou negativa) e aquelas que têm autoridade para decidir. O empreendedor estratégico busca o apoio daqueles influenciadores e formadores de opinião, fortalecendo sua rede de contatos e viabilizando a aprovação de seu empreendimento. O mapa de poder contribui para ampliar o campo de influências do empreendedor.

Não basta ter uma boa idéia. É necessário trabalhá-la até que se torne um empreendimento.

Os modos de ação dos seis sapatos auxiliam os profissionais a atingir tal objetivo, orientando a melhor forma de agir no cotidiano de trabalho.

10.2.4 Planejamento

O planejamento é uma competência exigida de profissionais em qualquer nível da escala hierárquica. Pode ser conceituado como "capacidade para planejar e organizar as ações para o trabalho, atingindo resultados mediante o estabelecimento de prioridades, de metas tangíveis, mensuráveis e de acordo com critérios de desempenho válidos".

O planejamento esboça

Caminho do planejamento

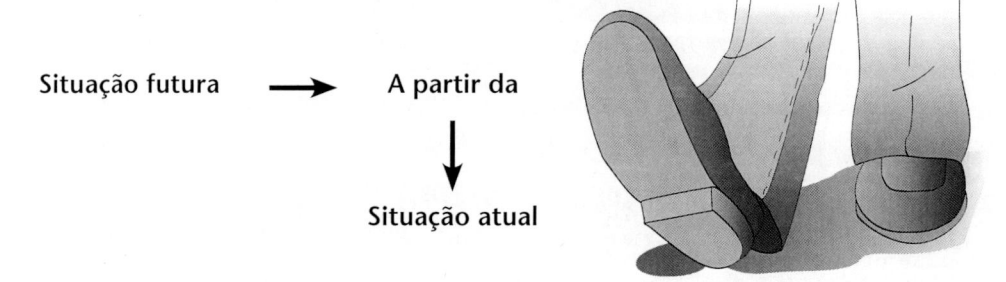

Situação futura → A partir da
↓
Situação atual

Para planejar, precisamos seguir algumas etapas, descritas a seguir.

1. **Detectar as necessidades**
- Analisar os dados existentes na empresa/setor.
- Listar as necessidades.
- Hierarquizar (da mais importante à menos importante).

2. **Traçar objetivos**

Objetivos são pretensões viáveis que levam em consideração os recursos disponíveis.

3. **Traçar metas**

A partir dos objetivos, as metas devem ser traçadas, levando-se em conta:
- quantidade a alcançar;
- qualidade a alcançar;
- percentuais de melhoria;
- lucro esperado.

> *Observação*: a diferença entre objetivo e meta é que, nesta, a pretensão é quantificada por algum índice determinado por quem planejou. A meta é o objetivo quantificado.

4. **Traçar estratégias de ação**
- Definir as operações e as fases a serem implantadas durante a viabilização do plano.
- Definir os recursos a serem utilizados, providenciando aqueles que ainda não estão disponíveis. Esses recursos podem ser: materiais, financeiros e tecnológicos.
- Verificar e definir quais os profissionais necessários para o empreendimento (força humana) e negociar responsabilidades (quem faz o quê).
- Definir os setores ou pessoas que formam interfaces de trabalho na execução do plano (para alcançar resultados positivos, de quem precisaremos?).

5. **Traçar um cronograma de ações**

O planejamento visa facilitar empreendimentos. Para tanto, é necessário prever as ações por etapas, fixando possíveis prazos para o cumprimento das metas estabelecidas.

6. **Estabelecimento de mecanismos de controle**

Algumas ferramentas podem ser utilizadas como mecanismos de controle do plano:
- reuniões de verificação;
- gráficos de resultados;
- fichas e boletins de verificação de resultados;
- relatórios parciais.

Esses mecanismos permitem replanejar algumas etapas, quando houver desvios ou dificuldades para alcançar os resultados previstos. É importante acompanhar a implantação do planejamento e promover pequenos ajustes.

7. **Avaliação**
- Mediante instrumentos definidos na etapa anterior, faz-se a apuração de resultados parciais.
- Os resultados devem ser divulgados em todas as áreas de interface (pessoas e setores).

8. **Relatório**
- O registro de resultados, em forma de relatório, demonstra e analisa o que foi previsto e o que foi alcançado.
- Inclui-se no relatório a análise das variáveis intervenientes no processo: forças propulsoras (facilidades) e forças restritivas (dificuldades).

Quadro 10.4 O planejamento é sempre feito com vistas a mudanças, que podem afetar os sistemas a seguir:

- sistema de pessoas;
- sistema de autoridade;
- sistema de informações;
- sistema de tarefas;
- sistema político-cultural;
- sistema ambiental.

Exemplificando:

Sistemas de pessoas
- Rodízios
- Suprimento
- Treinamento (aperfeiçoamento, especialização, formação)
- Acompanhamento

Sistema de autoridade
- Mudanças estruturais no organograma.

Sistema de informações
- Melhoria dos processos de comunicação.
- Aperfeiçoamento das tecnologias de informação com vistas à abertura de canais.

Sistema de tarefas
- Simplificação
- Redução
- Ampliação
- Reengenharia

Sistema político-cultural

- Intervenção em nível comportamental e atitudinal, com vistas a mudanças de valores, crenças preferenciais e estilos de atuação. Trabalho que varia de médio a longo prazo.
- O sistema cultural inclui estilos de gerência, formas de exercer o poder, modos de administrar conflitos, nível de relacionamento interpessoal e intergrupal, posturas individuais frente a autoridades.

Sistema ambiental

- Ambiente interno
  - Reuniões de apresentação de projetos e trabalhos por setor.
  - Visitas a órgãos-chave.
  - Simpósios de apresentação de trabalhos.
  - Boletins informativos.
  - Jornal da empresa.
  - Videocomunicação.
  - Sistema de comunicação em rede.
- Ambiente externo
  - Análise de concorrência quanto à tecnologia.
  - Aprimoramento de processos em função do mercado.
  - Delimitação de estratégias de competitividade.
  - Definição de critérios para contratação de pessoal.
  - Definição de políticas sindicais.
  - Adaptação às políticas governamentais.
  - Estratégias de captação de recursos externos.
  - Métodos de análise de mercado.

Quadro-resumo

Etapa

P	Detectar necessidades.
L	
A	Traçar objetivos.
N	Definir metas.
E	
J	Traçar estratégias.
A	Elaborar o cronograma.
M	
E	Definir mecanismos de controle.
N	Avaliar resultados.
T	
O	Elaborar relatórios.

Praticando o planejamento

Problema detectado:

Área-chave de resultado:

Dados que me levaram a identificar o problema:

Minhas prioridades:

Meu objetivo:

Minha meta:

O que vou fazer (por ordem de prioridade)? Quando?

Minhas ações:

1. Materiais:

2. Físicos:

3. Financeiros:

4. Tecnológicos:

De que recursos vou precisar? Como obtê-los?

As pessoas com quem posso contar:	O que elas farão:

Os setores ou áreas com os quais vou contar:

Como farei para negociar a participação das pessoas mencionadas anteriormente:

Como vou controlar, avaliar e verificar resultados parciais e finais:

Forma:	Quando?	Quem é responsável? Quem participa?
( ) Realizando reuniões.		
( ) Preenchendo fichas.		
( ) Elaborando gráficos.		
( ) Fazendo relatórios parciais.		
( ) Fazendo relatório final.		

Dificuldades que posso enfrentar em cada fase:	Como evitá-las:

10.2.5 Visão sistêmica

Fábula da ratoeira

Um rato, ao olhar pelo buraco na parede, viu o fazendeiro e a mulher abrindo um pacote.

Ao descobrir que era uma ratoeira, ficou aterrorizado. Correu ao pátio advertindo a todos:

— Há uma ratoeira na casa, uma ratoeira na casa!

A galinha disse:

— Desculpe-me, senhor Rato. Eu entendo que isso seja um grande problema para o senhor, mas não me prejudica em nada, não me incomoda.

O rato foi até o porco e lhe disse:

— Há uma ratoeira na casa, uma ratoeira!

— Desculpe-me, senhor Rato — disse o porco. — Mas não há nada que eu possa fazer, a não ser rezar. Fique tranqüilo. O senhor será lembrado nas minhas preces.

O rato dirigiu-se, então, à vaca. Ela, num muxoxo, disse:

— Uma ratoeira? Isso não me põe em perigo...

Então, o rato, cabisbaixo, voltou para a casa para encarar a ratoeira.

E, naquela noite, ouviu-se um barulho!

Meu Deus! Seria a ratoeira pegando sua vítima?

A mulher do fazendeiro correu para ver de onde vinha o barulho. No escuro, ela não viu que a ratoeira havia pegado a cauda de uma cobra venenosa. E a cobra picou a mulher...

O fazendeiro a levou imediatamente ao hospital. Ela voltou com febre.

Para alimentar alguém com febre, nada melhor que uma canja de galinha. O fazendeiro pegou seu cutelo e foi providenciar o ingrediente principal.

Como a doença da mulher continuava, os amigos e vizinhos vieram visitá-la.

Para alimentá-los, o fazendeiro matou o porco.

A mulher recebia visitas todos os dias. Muita gente mesmo!

Para alimentar todo aquele povo, o fazendeiro, então, sacrificou a vaca para servir churrasco aos amigos!

A ratoeira, de Luiz Guilherme Kawal

O que podemos aprender com essa fábula?

Na próxima vez que você ouvir alguém dizer que está diante de um problema e acreditar que ele 'não lhe diz respeito', lembre-se de que, quando há uma ratoeira na casa, toda a fazenda corre risco! Coloque em prática sua visão sistêmica!

> "Numa empresa, o problema de um é problema de todos."

Características da visão sistêmica

A principal característica da visão sistêmica é procurar estudar as partes levando em conta o seu papel na estrutura do todo. Isso implica o conceito de que o todo, resultante da junção das partes, é muito maior do que simplesmente a soma destas.

Existem apenas algumas características do todo que não podem ser encontradas nas partes. A visão sistêmica significa contextualizar as partes para entender o funcionamento do todo. Em seus estudos, os atomistas defendiam a tese de que, se uma parte fosse completamente estudada, o seu todo poderia ser deduzido.

Verificamos que tal concepção não é completamente verdadeira, pois, por exemplo, se entendermos completamente o funcionamento de uma mão, ainda assim não teremos noção de toda a funcionalidade que o corpo ao qual ela pertence possui.

Sobre o raciocínio sistêmico, Senge (1990) declara:

> As nuvens se acumulam, o céu escurece, as folhas viram para o alto, e sabemos que vai chover. Também sabemos que, depois da chuva, a enxurrada penetrará nos lençóis de água subterrâneos a quilômetros de distância, e no dia seguinte o dia estará limpo. Todos esses eventos são distantes no tempo e no espaço, no entanto estão todos interligados em um mesmo esquema. Cada um deles influencia todos os outros, influência esta que geralmente não se encontra ao alcance da vista. Só se pode entender o sistema de chuvas observando o conjunto, não apenas uma das partes.
>
> Os negócios e outros trabalhos realizados pelo homem também são sistemas, o que significa que são amarrados por fios invisíveis de ações inter-relacionadas, que levam anos para desenvolver plenamente os efeitos que uma exerce sobre as outras. Como também fazemos parte dessa estrutura, é duplamente difícil ter uma visão global das mudanças

ocorridas, e o que ocorre é que tendemos a nos concentrar em instantâneos de partes isoladas do sistema, sem conseguir entender por que nunca conseguimos resolver nossos problemas mais profundos. O raciocínio sistêmico é uma estrutura conceitual, um conjunto de conhecimentos e instrumentos desenvolvidos nos últimos cinqüenta anos que tem por objetivo tornar mais claro todo o conjunto e nos mostrar as modificações a serem feitas a fim de melhorá-lo.

10.2.6 Competência: liderança e participação em equipes; liderando equipes de alto desempenho

Grupo difere de equipe. O grupo tem objetivos, por vezes divergentes, e cada um preocupa-se com o seu próprio alvo. A equipe, ao contrário, trabalha por uma causa maior: um projeto coletivo.

A equipe reconhece as contribuições individuais e vibra com o resultado total.

Revendo algumas anotações sobre desenvolvimento, encontrei um texto de Lauro de Oliveira Lima que fornece várias pistas sobre a liderança e a participação em equipes.

Hoje, mais do que nunca, busca-se maximizar resultados mediante o trabalho sinérgico e voltado a resultados.

Com um histórico individualista, as pessoas por vezes se deparam com dificuldades pessoais, dificultando a interação. Resultado: a práxis difere do discurso participativo.

A máxima do "um mais um é sempre mais do que dois"[2] precisa ser internalizada e adotada nas empresas, de modo a ampliar sua competitividade.

---

[2] Referência à letra da canção "Sal da terra", composição de Beto Guedes.

Para aqueles líderes que atuam sob um modelo de gestão participativo, deixo as dicas de Oliveira Lima. Com linguagem simples e direta, ele enumera uma série de comportamentos, habilidades e conhecimentos que poderão servir de guia nessa jornada por vezes difícil e desgastante: a formação, o desenvolvimento e a gestão de equipes de trabalho.

No seu papel maior de mentor e educador, o líder poderá lançar mão de vários itens, como os propostos a seguir.

Os doze mandamentos para participação em uma equipe

1. Todos são responsáveis pelo êxito do grupo. Não procure carregar o grupo nas costas. Estimule cada um a cooperar. Exija do grupo.
2. Se for tímido(a), não cuide de você. Cuide do outro tímido. Timidez é excesso de preocupação com você.
3. Dominador desculpa-se da 'dominação' alegando que ninguém quer assumir. O tímido desculpa-se da timidez alegando que o 'dominador' não o deixa participar. Como resolver o impasse?
4. A imaturidade leva-nos a buscar alguém que dirija as atividades. A maturidade leva-nos a propor regras de cooperação para agir e análise crítica para superar conflitos.
5. Reivindique seu lugar no grupo ocupando espaços. Use de autonomia e não espere ser convidado a participar.
6. Você pode se comprometer 'falando demais' ou 'falando de menos'.
7. Participar é ser responsável. Ser responsável é desempenhar bem seu papel no grupo.
8. Abra espaço para novas idéias. Modificar e deixar-se modificar enriquece pessoas e resultados.
9. O homem tem objetivos. O animal é programado. Não ser programado é ser capaz de mudar.
10. Ser maduro é ser crítico e criativo. Use e abuse!
11. Aquele que não usa de empatia tem dificuldades de se adaptar ao grupo. Tente colocar-se no ponto de vista do outro.
12. A consciência crítica é conquistada a partir do momento que estamos abertos a receber e dar feedback.[3]

É importante destacar que os doze mandamentos enfatizam atitudes pessoais. Precisamos estar atentos a esta nova ordem: conhecimento e habilidade técnica por si só não garantem o sucesso profissional. A exigência do trabalho em equipe agrega a atitude como elemento-chave nas relações de trabalho e nos resultados das equipes — tempo de competências.

---

[3] Lima (2007).

10.2.7 Competência: liderança

Fechado para balanço

Este texto auxilia os líderes a dedicar tempo para refletir e repensar sua vida, avaliar o que valeu a pena e o que necessita ser realinhado e definir mudanças que devem ser implementadas.

Os indicadores de desempenho

Ao verificar resultados, é necessário ter claro o que se quer avaliar. Uma das estratégias é estabelecer alvos e indicadores para nortear a análise. A delimitação de áreas-chave de resultados facilita esse trabalho.

Selecionamos cinco áreas e os questionamentos a elas pertinentes.

1ª) Atitude e desempenho gerencial

Ao fazer o balanço de resultados, as lideranças podem iniciar pela auto-avaliação.

Questionamentos básicos
- Meu desempenho tem se caracterizado por ações planejadas e articuladas aos objetivos organizacionais?
- Minha atuação favoreceu o estabelecimento de um clima participativo e produtivo de trabalho?
- Criei uma imagem positiva junto aos meus colaboradores e pares?
- Obtive os resultados previstos no ano que passou?
- O que preciso reforçar em minha atuação?

2ª) Atitude e desempenho dos colaboradores

Uma equipe é o termômetro que reflete a ação de suas lideranças. Ao avaliar o desempenho dos colaboradores, pode-se obter pistas para a melhoria do desempenho gerencial.

Questionamentos básicos

- As pessoas manifestam suas motivações e necessidades com naturalidade?
- O desempenho de minha equipe é compatível com as expectativas da direção?
- O clima de trabalho é participativo e produtivo?
- As metas são cumpridas e os resultados, alcançados?
- Meus colaboradores demonstram satisfação no trabalho?

3ª) Produtividade

A capacidade produtiva de uma equipe é um dos indicadores de desempenho das organizações.

Questionamentos básicos

- Os produtos e os serviços desenvolvidos por nossa equipe têm sido caracterizados em função dos nossos clientes?
- Conseguimos oferecer valores agregados em nossas relações comerciais?
- Nossa capacidade produtiva está sendo utilizada de forma efetiva?
- Há ociosidade ou aproveitamento inadequado dos potenciais?
- Nossos padrões de produtividade estão aquém do esperado, atendendo ou superando as expectativas organizacionais?

4ª) Satisfação dos clientes

Aqui, a análise volta-se para os clientes externos e internos. Na empresa, todos aqueles que apresentam interface de trabalho são considerados clientes.

Questionamentos básicos

- Há compromisso de nossa equipe em identificar, compreender e corresponder às expectativas de nossos clientes?
- Nosso foco principal está nesses clientes identificados?
- Diferenciamos os clientes relevantes no âmbito interno e externo?
- Existem mecanismos de mensuração do nível de satisfação de nossos clientes?
- Os resultados dessa medida são levados em consideração?

5ª) Inovação

A inovação é a arte de agregar valor aos produtos, aos processos de trabalho e aos serviços. É fazer do *kaizen* (melhorar sempre) uma constante.

Questionamentos básicos

- Possuímos equipamentos que permitem o uso da tecnologia disponível no mercado?

- Somos reconhecidos por nossos clientes como inovadores e agregadores de valor aos produtos e serviços oferecidos?
- Adotamos ferramentas e espaços com arquitetura que permite e facilita a criação?
- Nossa cultura é favorável à inovação? Sabemos conviver e aprender com os erros?
- As idéias apresentadas pelos colaboradores são analisadas e aproveitadas?

Os cinco indicadores apresentados não são únicos. Em um fechamento para balanço, os líderes podem acrescentar outros indicadores que fazem parte de seu rol de demandas.

A partir do resultado obtido no balanço, entra em cena o realinhamento de estratégias, objetivos e metas.

É importante ressaltar que, neste momento de avaliação, deve-se abrir espaços para as equipes de colaboradores apresentarem suas posições, críticas e sugestões.

Por vezes, as respostas às dificuldades estão com as pessoas diretamente ligadas ao processo de trabalho (nem sempre com os gerentes). O simples ato de envolver a equipe nos questionamentos básicos de cada indicador poderá gerar uma série de boas idéias e o comprometimento de todos nas melhorias propostas.

10.2.8 Seleção por competências: garimpando talentos e potenciais

Os processos seletivos atuais vêm quase sempre acompanhados de três demandas:
- investimento financeiro que permita atingir resultados com orçamentos enxutos;
- agilidade de resposta — preenchimento da vaga em tempo hábil;
- qualidade no atendimento — indicação de candidatos que atendam ao perfil desenhado pelo detentor da vaga.

Nesse último item encontra-se o grande desafio dos selecionadores: traduzir as expectativas do cliente em um perfil passível de ser avaliado, mensurado, descrito em competências e que sinalize a assertividade e objetividade nas escolhas.

Para obtermos eficácia nesse processo é essencial que o perfil de competências a ser identificado esteja bem ajustado à demanda do detentor da vaga. Mas como fazê-lo?

Etapas do processo de seleção por competências

1ª) A construção do perfil de competências

Responsabilidades do selecionador neste momento:

- Definir, junto com o detentor da vaga, quais são os indicadores comportamentais que caracterizam, para o requisitante, iniciativa, boa comunicação e bom relacionamento.
- Coletar informações sobre objetivos, metas, desafios e dificuldades da área e do cargo é importante e favorece a definição do perfil de competências a ser identificado. De posse desses dados, o profissional de seleção deve introduzir o conceito de competências.
- Apresentar o elenco de competências universais, discutir com o detentor da vaga acerca do entendimento que possui de cada uma delas e escolher o perfil de competências a ser avaliado. Auxiliar a selecionar, no máximo, cinco ou seis competências. Geralmente, se alguém domina bem uma competência, esta vem agregada a outras que não precisam estar necessariamente contidas no perfil.
- Esclarecer para o detentor da vaga o conceito de competência: é o conjunto de habilidades, conhecimentos e atitudes que contribuem para uma atuação de destaque, de excelência em determinados contextos.
- Apresentar as competências universais para a definição do perfil. Dentre elas, as mais requisitadas no mercado são:
  - capacidade empreendedora;
  - capacidade de trabalhar sob pressão;
  - comunicação;
  - criatividade e inovação;
  - cultura da qualidade;
  - capacidade negocial;
  - liderança;
  - planejamento e organização;
  - tomada de decisão;
  - visão sistêmica.

Esse elenco de competências pode ser acrescido de outras na medida em que o cliente demonstre necessidade e aponte outras competências importantes para a função.

2ª) Desdobramento das competências em atitudes e comportamentos desejáveis, conhecimentos básicos sobre a competência em questão e habilidades requeridas

Esse trabalho poderá ser realizado pelo selecionador e, em seguida, validado pelo detentor da vaga.

Exemplo: Tomada de decisão

Capacidade de buscar e selecionar alternativas, identificando aquela que garanta o melhor resultado, cumprindo prazos definidos e considerando limites e riscos.

Atitudes
- Pensa e pondera antes de agir.
- Assume as responsabilidades pelas decisões tomadas.
- Corre riscos calculados (planeja a ação).

Conhecimentos
- Ferramentas básicas para a tomada de decisão.
- Conhecimento do próprio negócio.
- Planejamento estratégico da organização.

Habilidades
- Sistematiza a tomada de decisão.
- Consegue convencer a equipe a seguir sua decisão.
- Obtém resultados assertivos ao enfrentar situações arriscadas.

3ª) Definição da metodologia e dos instrumentos de avaliação dos candidatos

É necessário analisar os diversos métodos existentes, escolhendo aquele mais adequado ao contexto. Devem ser analisadas variáveis como: número de candidatos, urgência de tempo, objetivo da seleção, disponibilidade financeira, capacidade técnica do avaliador e perfil da clientela.

Os métodos utilizados na seleção por competências são:
- entrevista por competência;
- inventários específicos de mapeamento de potencial;
- avaliação presencial.

Cada um deles apresenta vantagens e desvantagens. Sugerimos uma combinação de procedimentos que, em seu resultado, oferece maior garantia de acerto nas indicações.

É importante ressaltar que, na fase de verificação de domínio das competências, qualquer que seja a metodologia escolhida, o selecionador deverá organizar sua matriz de resultados que permita mensurar cada candidato em comparação com o perfil do cargo.

A escala ideal geralmente contém cinco ou seis níveis de proficiência, descritos em atitudes, conhecimentos e habilidades desejáveis. De posse dessa matriz, o selecionador terá maior clareza nas indicações.

4ª) Conclusão do processo e escolha do grupo de candidatos mais próximos do perfil de competências desenhado

Ações imprescindíveis no fechamento do processo:

- Retorno ao candidato (feedback).
- Repasse de informações sobre os candidatos à vaga e orientações sobre a análise dos perfis avaliados.
- Indicação daquele(s) mais próximo(s) do perfil traçado.

Essa metodologia tem como ponto forte a clareza na verificação de perfis e maior facilidade para avaliar os candidatos com imparcialidade, justiça e ética.

Quadro 10.5 Glossário de termos utilizados na gestão de pessoas

Gestão por competências	Conjunto de ferramentas, instrumentos e processos metodológicos voltados à gestão estratégica de pessoas. O modelo permite a definição e a identificação das competências da empresa e das pessoas.
Atitude (querer fazer)	Comportamento pessoal diante das competências que domina (ou não domina). As atitudes podem ser assertivas ou não assertivas. Revelam valores, crenças e premissas.
Candidato de processo seletivo	Profissional recrutado para participar de um processo no qual concorre com outros, tendo em vista a ocupação de uma vaga de trabalho.
Competência	Qualidade de quem é capaz de apreciar e resolver certo assunto, fazer algo. Capacidade. Habilidade. Aptidão. Idoneidade.
	Ter competência para assumir as funções e responsabilidades exigidas no trabalho significa apresentar atitudes, conhecimentos e habilidades compatíveis com o desempenho exigido e capacidade para colocar em prática sua experiência, sempre que necessário.
Competências de suporte	São aquelas que, agregadas às competências técnicas, permitem que o profissional faça o diferencial. Quando apontadas no rol de competências de uma empresa, trazem a possibilidade de diferenciá-la no mercado. Exemplos: cultura da qualidade, visão sistêmica, liderança etc.
Competências técnicas	São aquelas exigidas para que um profissional possa assumir suas responsabilidades no cargo ou função. Geralmente são relacionadas ao saber fazer (habilidades). Um exemplo: um gerente financeiro tem como exigência o domínio da competência gestão financeira.

(continua)

(continuação)

Conhecimento (saber)	Conjunto de experiências pessoais: informações, conhecimento técnico, conhecimento específico sobre a função, escolaridade, cursos, especializações etc.
Desdobramento de competências	Metodologia que permite identificar as habilidades, os conhecimentos e as atitudes relativas a cada competência profissional.
Feedback no processo seletivo	Retorno de informações a uma pessoa sobre como sua performance foi observada durante o processo, apontando seus pontos fortes e a desenvolver. No momento de feedback, o detentor da vaga ou o selecionador são responsáveis por informar se o candidato foi ou não selecionado para a vaga.
Habilidade (saber fazer)	Capacidade de colocar em prática o que aprendeu: conhecimentos, conceitos, dados, informações.
Identificar — Identidade	Determinar a identidade. Conjunto de caracteres próprios e exclusivos de alguém.
Jogos de empresa	Metodologia utilizada para desenvolver ou identificar competências. Consiste em processos ou situações empresariais em que um grupo de participantes é desafiado a resolver problemas ou assumir desafios e responsabilidades no cenário simulado. Os jogadores montam seu modelo de tomada de decisão utilizando as competências que possuem. O jogo de empresa tem regras que determinam tempo de duração, pontuação, o que é permitido, o que é proibido e as maneiras de se chegar ao final. Observação: existem diversos tipos de jogos, dentre eles os cooperativos, nos quais o resultado somente é alcançado se existe ajuda mútua.
Mapeamento de competências	Metodologia que permite montar um mapa de competências com os perfis profissionais de cada grupo de funções ou cargos. O mapeamento pode conter as competências de suporte e as competências técnicas.
Perfil	Contorno da face de uma pessoa vista de lado. Representação gráfica de um objeto visto de lado.
Perfil da vaga	Informações referentes ao cargo ou à função disponível: salário, benefícios, local de trabalho, horários, folgas, atribuições, responsabilidades, motivos da abertura da vaga, crenças e valores da empresa ou área.

(continua)

(continuação)

Perfis profissionais	Conjunto de indicadores que retratam exigências de determinados cargos ou funções. Incluem as competências a eles referentes. Como o próprio nome indica, os perfis revelam somente uma faceta da pessoa.
Ponderação das competências	Quando a seleção é realizada por competências, estas podem apresentar níveis de exigência maiores ou menores. A forma de diferenciar cada competência é atribuir pesos a cada uma.
Profissionalizar	Identificar e qualificar pessoas para assumir responsabilidades, funções, atividades e tarefas.
Seleção	Processo natural pelo qual os animais tornam-se adaptados para competir com outros indivíduos do mesmo sexo pelo acesso aos parceiros no período de reprodução.
Seleção de pessoal	Processo de identificação do profissional mais adequado para ocupar cargos ou funções.
Seleção por competências	Processo que inclui a definição do perfil de competências como condição para a ocupação de cargos ou funções.
Técnicas vivenciais	Qualquer atividade em ambiente simulado em que as pessoas são convidadas a participar de atividades práticas. Semelhantes aos jogos de empresa, diferenciam-se por não haver pontuação que determine vencedores e perdedores.

Capítulo 11

Conclusões

Ao oferecer serviços de melhor qualidade, estaremos também crescendo e caminhando junto com nossos clientes, à medida que trocamos experiências, energia e preocupações.

Inovar não é somente mudar por mudar, mas mudar o que pode e deve ser mudado. E podemos melhorar nossas práticas educacionais valorizando potenciais, transformando pessoas aparentemente comuns em talentos e interferindo diretamente em sua qualidade de vida. Somente o repasse de técnicas, informações e métodos não é suficiente para o desenvolvimento pleno do ser humano. É necessário provocar emoção e sentimento.

Basta! Não somos recursos, nem trabalhaDORES, nem serviDORES. Somos, sim, seres humanos e colaboramos nos processos produtivos das empresas, em sistema de parceria.

Ao passar para os leitores minhas crenças e valores com relação a formas de educar, acredito ter contribuído para estimulá-los a mudar suas práticas, ou pelo menos tentar.

> A gente não quer só comida, a gente quer comida, diversão e arte.
> A gente não quer só comida, a gente quer saída para qualquer parte.
> A gente não quer só comida, a gente quer a vida como a vida quer.
> Você tem sede de quê?
> Você tem fome de quê?[1]

Resolvi encerrar desta forma: proponho que cada um descubra seu grito calado e aqueles que estão nas sombras das empresas.

Que tal usar o jogo para decifrar o enigma?

---

[1] Trecho da canção *Comida*, composição de Arnaldo Antunes, Marcelo Fromer e Sérgio Brito.

REFERÊNCIAS BIBLIOGRÁFICAS

ACED, Rosa Guitar. *101 juegos no competitivos*. Barcelona, Editorial Graó, 1997.

BEAUCHAMP, André; GRAVELINE, Roger; QUIVIGER, Claude. *Como animar um grupo*. São Paulo, Loyola, 1980. (Coleção Ser e Conviver).

BONO, Edward. *O pensamento lateral na administração*. São Paulo, Saraiva, 1994.

_____. *A técnica dos seis chapéus*. Rio de Janeiro, Ediouro, 1995.

_____. *Seis sapatos atuantes*. São Paulo, Pioneira, 1994.

BRANEDS, Donna E.; PHILLIPS, Howard. *Manual de jogos educativos*. Lisboa, Moraes, 1977.

BURKE, Juliet Sharman; GREENE, Liz. *Tarô mitológico*. 30ª ed., São Paulo, Siciliano, 2006.

CONDE, Graciela Aldana de. *La travesia creativa*. Bogotá, Rapidimpresores, 1998.

COREY, M. S.; COREY, G. *Técnicas de grupo*. Rio de Janeiro, Zahar, 1982.

DISMORE, Paul Campbell; JACOBSEN, Paulo. *PROSOLVE — Processo decisório:* da criatividade à sistematização. São Paulo, COP, 1985.

DRUMOND, Regina. *Qualidade e produtividade:* jogos empresariais. Belo Horizonte, Mazza, 1993.

EIFFERS, Joost. *Tangram*. Penguin Books, 1976.

ESTRADA, Mauro Rodriguez; KETCHUM, Martha. *Creatividad em los juegos y juguetes*. Pax, 1995.

FLURI, Hans. *1000 ejercicio y juegos de tiempo libre*. Barcelona, Hispano Europea, 1997.

Grupo Projetar – Projeto de Jugos Empresariais de Tecnología Avançada. *Vivências*: uma aprendizagem efetiva. Belo Horizonte, Edição Grupo Projetar, 2002.

KOLB, David A.; RUBIN, Irwin M.; MCINTYRE, James M. *Psicologia organizacional:* uma abordagem vivencial. São Paulo, Atlas, 1978.

LIMA, Lauro de Oliveira. *Dinâmicas de grupo*: na empresa, no lar e na escola. 2ª ed. São Paulo, Vozes, 2007.

MAY, Rolo. *Coragem de criar*. 8ª ed. Rio de Janeiro, Nova Fronteira, 2000.

MENDEZ, Antonio. *Juegos dinâmicos de animacion para todas lãs edades*. Madrid, Gymnos Editorial, 1994.

MILITÃO, Albigenor & Rose. *Jogos, dinâmicas e vivências grupais*. Rio de Janeiro, Qualitymark, 2000.

_____. *Vitalizadores*. Rio de Janeiro, Qualitymark, 2001.

MOSCOVICI, Fela. *Desenvolvimento interpessoal*. Rio de Janeiro, Livros Técnicos e Científicos, 1980.

_____. *Renascença organizacional*. Rio de Janeiro, Livros Técnicos e Científicos, 1988.

NETO, Edgard P. de Cerqueira. *Preconceitos da qualidade... em um ambiente de mitos e paradigmas*. Rio de Janeiro, Imagem, 1992.

OECH, Roger von. *Um "toc" na cuca*. São Paulo, Cultura, 1995.

ORGANIZACION MUNDIAL DEL MOVIMENTO SCOUT. *Manual de juegos de educacion en el desarollo para scouts*. Saragoza, Asde.

PIETRONI, Patrick. *Viver holístico*. São Paulo, Summus, 1986.

RAMOS, A. Guerreiro. *Administração e contexto brasileiro:* esboço de uma teoria geral de administração. Rio de Janeiro, FGV, 1983.

ROMA, A. C. Caruso; ESCOBAR, Virgínia Ferreira. *Técnicas pedagógicas:* domesticação ou desafio à participação. Petrópolis, Vozes, 1984.

SENGE, Peter. *Quinta disciplina*. Rio de Janeiro, Best Seller, 2004.

SERRA, Floriano. *Jogos e simulações para treinamento e seleção na empresa moderna*. Rio de Janeiro, Tecnoprint, 1979.

SOUZA, Joelson Passos; ULRICH, Gabriele J.; KRAPPITZ, Uwe. *Enfoque participativo para o trabalho de grupos*. Assocene (Associação de Orientação às Cooperativas do Nordeste), 1988.

STEWART, R. J. *Música e psique:* as formas musicais e o estado alterado de consciência. São Paulo, Cultrix, 1987.

TATAGIBA, Maria Carmen; FILÁRTIGA, Virgínia. *Vivendo e aprendendo com grupos*. Rio de Janeiro, DP&A, 2001.

UNIÃO DOS ESCOTEIROS DO BRASIL. *Manual do curso técnico de jogos*. (Adaptação de trabalho realizado por Marta Maria de Souza Panatiere). Rio Grande do Sul, 1983.

VILA, Magda; FALCÃO, Paula. *Focalização de jogos em T&D*. Rio de Janeiro, Qualitymark, 2002.

VILLEGAS, Jesús. *Trás el arco íris*: actividades y juegos coooperativos a partir de los colores. Madrid, Editorial CCS, 1994.

VOCE, Sílvio. *A arte de fazer pipas*. Linhas Corrente, 2000.

_____. *Brincando com objetos voadores*. São Paulo, Global, 2001.

_____. *Brincando com pipas*. São Paulo, Global, 2001.

WINKLER, Ruthild; EIGEN, Manfred. *O jogo:* as leis naturais que regem o acaso, São Paulo, Gradiva, 1989.

YOZO, Ronaldo Yudi K. *100 jogos para grupos*. São Paulo, Ágora, 1996.